D1574176

Georg Aeberhard

AUF DEN HUND
GEKOMMEN – BAND III
Weitere Geschichten
Um und am Offenen
Bücherschrank

Bücherschrank Solothurn - am Kreuzackerplatz und in der Badi

www.buecherschrank-so.ch

Impressum

Bibliografische Information der Deutschen Nationalbibliothek:
Die Deutsche Nationalbibliothek verzeichnet diese Publikation in der Deutschen Nationalbibliografie; detaillierte bibliografische Daten sind im Internet über http://dnb.dnb.de abrufbar.

Verdankung:
Brigitte Frésard-Füri und Geerd Gasche

Lektorat: Brigitte Frésard-Füri.

Satz, Layout, Fotos: Jiří Havrda
Umschlag: Jaroslav Seibert, Jiří Havrda

Herstellung und Verlag: BoD – Books on Demand, Norderstedt

ISBN: 978-3-7347-3719-0

Inhaltsverzeichnis

Einführung

Die Mehrheit der nachfolgenden Geschichten erzählen von Begegnungen mit Menschen, mit denen zusammen zu arbeiten ich auf irgendeine Art und Weise das Vergnügen hatte und die sich bei mir unvergesslich ins Gedächtnis eingeschrieben haben. Im Laufe der Jahre habe ich die Werke der meisten von ihnen im Offenen Bücherschrank vorgefunden und wie schon in den vorangehenden zwei Bänden mit Freude und Bewunderung darüber geschrieben. Ich muss sagen, dass ich auch jedes Mal so etwas wie eine Mischung aus Stolz und Ehre verspürte, diese Persönlichkeiten gekannt zu haben, sei es, dass uns der Zufall zusammengeführt hatte, sei es, dass ich sie um Drehbuchmitarbeit gebeten hatte oder zumindest um die Rechte zu einer Verfilmung. Zu erwähnen ist, dass es sich bei den Geschichten mit Anne Cuneo und Richard Brautigan um freie Übersetzungen handelt, die Originale auf Englisch sind in den Jahren 2015 resp. 2008 entstanden.

PASSAGE DES PANORAMAS
EINE REISE ZUM
EIGENEN ICH
Suhrkamp

Ein Dîner in Prag

„PASSAGE DES PANORAMAS" von Anne Cuneo war nicht das erste Buch von ihr, das ich im Offenen Bücherschrank vorfand. Oft war es „ Zaïda", gefolgt von „Die Memoiren von Master John Florio, Kammerherr Ihrer sel. Majestät Königin Anna" oder „Station Victoria". Aber DIE REISE ZUM EIGENEN ICH, das ich nach Hause trug, war etwas Besonders, weil es sich um autobiographische Aufzeichnungen handelte, 1978 herausgegeben. In diesem Frühwerk hält Anne Cuneo bereits fest, was ihre innere Motivation sei:

Ich will frei sein. Ich muß mich befreien. Wie bei der Kunst, kann es hier nicht um die Frage gehen: »Wozu denn?« Freiheit braucht keine Rechtfertigung.
Mein Irrtum, zu glauben, es genüge, sich zu »befreien«, um glücklich zu sein.
Irgendwann kommt der Augenblick, wo man einsieht, daß »frei« sein auch einsam sein bedeutet, weil es in dieser entarteten Welt so wenig »freie« Menschen gibt.

Seite 37, Suhrkamp Verlag 1978

Wir begegneten uns erst im Jahre 1984, aber nicht in Paris, sondern in Zürich, im Restaurant "Hirschen", wohin der Zürcher Jazzclub „Bazillus" gerade versetzt worden war. Wir fingen unsere Konversation von Tisch zu Tisch wie selbstverständlich auf Englisch an, während wir auf den Auftritt von Marion Brown warteten. Bald waren wir beim Thema Exil. Von da an lief das Gespräch Richtung Prag, August 1968, und es stellte sich heraus, dass Anne damals die Okkupation miterlebte und sie deswegen zwei Wochen lang im besetzten Prag verblieb. Wir hatten uns viele Geschichten anzuvertrauen, "because we come from countries covered with scars and somehow didn't wholly integrated in this country where everybody is busy finding makeups so that one doesn't <u>see</u> scars." schrieb mir Anne einmal auf einer Postkarte und fuhr fort, "But you, I noticed, carry around the same type of tales as I. It always feels good to meet oasis when you are in the sand hills..." Ja, wir waren in der Schweiz auf gewisse Art Fremde geblieben. Mit unserer Mentalität eckten wir vielfach an, Annes weil sie Italienerin war, in England und Frankreich aufwuchs, bevor sie sich in der Schweiz niederliess; ich, aus Prag kommend, slawisch und kulturell geprägt durch einige Jahre in den USA, in San Francisco lebend. Wir hatten ähnliche Vorlieben und Interessen. Nicht nur Jazz, aber auch Bücher, Film und Theater. Und es stellte sich heraus, dass wir viele gemeinsame Freunde hatten. Unseren aufgeregten Austausch brachte erst das Aufjaulen des Saxophons an den Lippen Mario Browns zu Ende. Aber die frisch entstandene Freundschaft pflegten wir weiter, unsere Wege als Autoren kreuzten sich häufig. Wir waren eben zwei Kosmopoliten im engen Zürich, und das machte uns teilweise zu Komplizen, nicht nur im Kampf gegen die Begutachtungskomissionen und die Gremien der potentiellen Geldgeber wie Migros. Vor allem aber machten wir uns stark gegen das Schellenbergsche Fernsehen, das die freie Film-szene fast wie einen bedrohlichen Feind des öffentlich-rechtlichen Medienmonopols behan-delte, wenn es um unsere Filmprojekte ging (siehe Kapitel Aeberhards «Swiss Paradise»).

Die Mauer in Berlin fiel am 9. Oktober 1989, am 17. November des gleichen Jahres folgte Prag mit der „Samtenen Revolution". Ich war zufällig genau an jenem Tag in Prag eingetroffen, unterwegs zum Leipziger Filmfestival, an das ich mit meinem Film „Verne - ein Duzend Leben" eingeladen war. Vom ersten Abend an, und fast die ganze Nacht durch, folgte ich in der Wohnung meiner Mutter den ausländischen Radio-Berichterstattungen, abwechselnd Freies Europa, BBC oder Voice of America. Am nächsten Tag brach ich ins Zentrum Prags auf, um dabei zu sein - es war noch gar nichts entschieden, man befürchtete die Partei würde die bewaffneten Arbeitermilizen aufbieten, um die Schlägertruppen der Polizei zu verstärken.

Anne hielt es in Zürich nicht aus, und bald bezog sie ein Zimmer im Hotel „Europa", direkt am Wenzelsplatz, um über die Ereignisse für die Schweizer Medien zu berichten. Aber das habe ich erst in Zürich erfahren, in diesen Novembertagen wussten wir nicht, dass wir uns beide in Prag aufhielten. Die morsche Macht der Partei zerfiel innerhalb weniger Tage, der Wenzelsplatz füllte sich täglich mit Tausenden protestierender Menschen, und die Tschechischen Radio- und Fernsehanstalten fingen allmählich an, neutral über die Ereignisse in Prag zu berichten.

Ich habe in den Strassen meiner alten Heimatstadt traf ich nach 20 Jahren Exil Freunde an, zwei per Zufall, zwei dank einer Verabredung. In dem Gemenge war ich nicht aktiv, ich schüttelte keinen Schlüsselbund, ich schrie keine Parolen der Sehnsucht nach Wahrheit, diesen Havelschen Spruch, dass «die Wahrheit siegt.» Ich beobachtete die Leute, hörte den Balkonansprachen zu, welche die Dissidenten jetzt ungehindert und straffrei der Masse zuriefen. Ich verspürte eine grosse Freude, eher eine Satisfaktion. Ich wunderte mich aber darüber, dass es zwanzig Jahre gebraucht hatte bis endlich diese tote Zeit der «Normalisierung» zu Ende ging, und welchen Schaden es meinem Land zugefügt hatte. Es war eine total verlorene Zeitperiode, die niemandem von Nutzen war, weder hier noch im Osten oder Westen, und zusammen mit den vorangehenden zwanzig Jahren seit dem Putsch 1948, brach es dem Volk im moralischen Sinne das Rückgrat.

Zurück in Zürich, drängte ich Anne, eine Novelle über ihre Tage in Prag 1968 und über ihre anschliessende Flucht nach Wien zu schreiben. Eigentlich war Anne zusammen mit ihrem Ehemann in Prag. Am Tag ihrer Abreise ging sie früh am Morgen noch schnell über die Moldau von der Kleinseite in die Altstadt, um einige Schallplatten abzuholen, die ihr der Ladenbetreiber am Tag vorher aufzutreiben versprochen hatte. Anne blieb dann aber auf der falschen Flussseite blockiert, denn die russischen

Okkupationsverbände hatten die Stadt nun voll im Griff.

Anne bleibt also in Prag, während der Ehemann nicht wartet, ins Auto steigt und zusammen mit den Massen von Flüchtlingen Richtung Wien losfährt. Anne bleibt in Obhut des Plattenverkäufers, sie verlieben sich ineinander, und als Tochter eines italienischen Partisanen nimmt sie mutig an den vielen antirussischen Aktionen teil. Sie berichtet per Telefon nach Genf. Schliesslich macht sie sich ebenfalls auf den Weg in den Westen, nach Wien, und dort begegnet sie ihrem Ehemann rein zufällig auf einer Strasse.

Den friedlichen Abschluss der „Samtenen Revolution", gekrönt durch die Wahl Václav Havels zum Präsidenten, fasste Anne Cuneo in ihrer Prager 68er Geschichte in einem Bogen bis zu den Novembertagen 1989 zusammen. Die Novelle schrieb sie auf Französisch, sie gab ihr den Titel "Prague aux doigts de feu"[1] (Auf Deutsch "Štěpán[2]", 2011).

Eine Verdankung auf dem Frontispiz des Buchs verkündet: L'AUTEUR TIENT A EXPRIMER SA RECONAISSANCE A JIRI HAVRDA, TIZIANA MONA, IRENA PETRINOVA. SANS LEUR AIDE, CE LIVRE NE SERAIT PAS CE QU'IL EST.

Jahre vergehen… Im Frühling 1997 ziehe ich zusammen mit meiner Familie von Zürich aus nach Tschechien um, wir kommen aber nach zwölf Jahren enttäuscht wieder in die Schweiz zurück, diesmal nach Solothurn, wo nicht nur die Filmtage, aber auch die Literaturtage alljährlich stattfinden. Und so kommt es zu unserer letzten persönlichen Begegnung, die Kommunikation wie immer auf Englisch...

Hi Anne, are you in Soleure these days by any chance? Literaturtage... If it should be the case, I would like to have a cup of coffee with you (or tea, or glass of wine.) So long
Jiri

Hi Jiri, I shall be there around 15.30, there should be a booktent, where my German publisher, Ricco Bilger, has a stand, look for me there around that time. I hope you are free. See you!
Anne

Es fanden eben gerade die Literaturtage statt, an denen der Zürcher Verlag Bilger unter anderem das Buch "Štěpán" vorstellte, das aus dem französischen Original "Prague au doigts de feu" übersetzt wurde. In der deutschen Ausgabe fehlt die Verdankung. Ich muss da noch einmal anknüpfen, mit einer Rückblende nach Prag im Jahre 2005. Denn es war wohl diese Verdankung in der französischen Erstausgabe, die dazu führte, dass der „Ambassador of Switzerland and

Mrs. Jean-Francois Kammer" um meine Teilnahme baten: «… at the Dîner in honor of Anne Cuneo», die gerade dank einer Einladung des Institut Français in Prag weilte, um aus ihrem 1990 veröffentlichten Buch vorzulesen.

Ich freute mich damals sehr, Anne wieder zu sehen, um ihr unsere Galerie zu zeigen und auch von meiner Absicht zu erzählen, meine lebensbestimmenden Koinzidenzen literarisch zu verarbeiten, unsere gemeinsamen inbegriffen.

Dieser "Dîner", der gut gemeint und mit grosser Sorgfalt vorbereitet worden war, mündete in eine fast absurde Veranstaltung, da keiner der eingeladenen tschechischen Gäste das Buch hatte lesen können. Anne Cuneo selbst war leider den allermeisten Anwesenden nicht bekannt, abgesehen von uns drei Schweizer Exilanten, dem Schriftsteller Jaroslav Vejvoda, dem Pater Svatopluk Karásek und mir. Auf der Einladungsliste des Botschafters Jean-Francois Kammer standen die prominenten Exponenten des Prager Frühlings und der Charta '77:

Ludvík Vaculík[3], der Autor des Textes "2000 Worte", der in dem Wochenblatt "Literarní noviny" (Auflage damals 240 000) erschienen war und der nachfolgend wie eine Petition im ganzen Land massenhaft signiert wurde, und somit als eine Art Manifest des Prager Frühlings '68 diente. Ludvík Vaculík wurde nicht eingesperrt, aber seine Bücher durften zwanzig Jahre lang nicht veröffentlicht werden, bis 1989,

Ivan Klíma[4], Schriftsteller und Theaterautor, weltbekannt wie Milan Kundera oder Bohumil Hrabal.

Jiří Stránský[5], politischer Gefangene der 50er Jahre (7 Jahre in Uranminen, 1974 wieder für 3,5 Jahre eingesperrt), Schrifsteller und Präsident des tschechischen PEN-Klubs.

Dana Němcová[6], Psychologin, Sprecherin der Charta 77 (6 Monate Gefängnis)

Prof. PhDr. Milan Tvrdík, CSc., Leiter der Fakultät der deutschen Sprache an der Karls Universität

Jiří Pehe[7], Direktor der New York University, Prag (aus den USA zurückgekehrter Emigrant)

Svatopluk Karásek[8], Pater und nun Senator (aus der Schweiz zurückgekehrter Emigrant)

Jaroslav Vejvoda[9], Schriftsteller (aus der Schweiz zurückgekehrter Emigrant)

Alexander Tomský[10], Verleger und Übersetzer (Aus England zurückgekehrter Emigrant).

Es fehlten nur noch Václav Havel, weltberühmter Dramatiker und Dissident (im Ganzen 8 Jahre Gefängnis) und Pavel Kohout, Schriftsteller und Dramatiker „zwangsemigriert" nach Österreich.

Jetzt, im Jahre 2005, liegen die „Samtene Revolution" und ihre Träger fast zwanzig |Jahre zurück, die Tschechische Republik steht allein auf eigenen Beinen, die Dissidenten sind überflüssig geworden, sogar der verstorbene Václav Havel wird angefeindet. Das Land ist souverän, aber es wird regiert von der Generation der toxischen "Normalisierung". Das Überleben ist nach den Umwälzungen ein harter Kampf, vor allem für ehrliche Leute; das Geld regiert, die Korruption wuchert… In diesen Zeiten jetzt die Okkupation oder die "Samtene Revolution" in Erinnerung zu rufen, ist nicht mehr opportun, passé, ihre Werte sind nur im Weg auf der Suche nach einem schnellen Profit.

Da waren wir also, Zombies der vergangen Zeiten, rund um den Ehrengast, Anne Cuneo. Es mag sein, dass ich der Einzige in der Runde war, der sich geehrt fühlte, mich in der Gesellschaft dieser Persönlichkeiten zu befinden, zu denen ich so viele Jahre hinaufgesehen hatte. Die ganze Rezeption verwandelte sich in eine bittere Lektion über vergangene Zeiten und verlorene Illusionen. Es war eine gut gemeinte Fehlzündung einer Kommunikation, die nicht imstande war, die Sprachbarrieren zwischen Tschechisch, Französisch, Deutsch und Englisch, die hier am Tisch gesprochen wurden, zu überwinden. Und das abgesehen davon, dass ich die einzige Person am Tisch war, die Anne Cuneos Buch gelesen hatte.

Die Tschechen und Mähren am Tisch nutzten die Gelegeheit, sich über die momentanen politischen, gesellschaftlichen oder auch privaten Missstände auszutauschen, und die Frustration gipfelte darin, dass Ludvík Vaculík mährische Töne anschlug, melancholische Weinlieder zu singen begann.

Anne Cuneo sprach auf Französisch mit dem Botschafter zu ihrer linken Hand, auf ihrer Rechten mit dem Verleger Tomský auf Englisch (nein, das Buch gibt es bis heute nicht auf Tschechisch). Ich sass neben meinem alten Freund Jaroslav Vejvoda, einem Freund aus den Anfängen der Emigration in Bern. Sein eigentlicher Name ist Marek, aber weil sein Stammgasthaus "U Vejvodů" hiess, wählte er das Pseudonym Vejvoda. Dieses Prager Gasthaus war auch das meinige, obwohl wir uns zu dieser Zeit noch nicht kannten.

PS: Anne Cuneo[11] wurde mit dem Titel *"Chevalier de l'Ordre des Arts et des Lettres de la République française"* in 2008 geehrt, und 2013 zum *"Commandeur de l'Ordre National du Mérite"* ernannt.

R.I.P, † 11. Februar 2015

The Dîner du 15 mars 2005

Saumon mariné

Suprême de canard aux champignons,
Haricots et carottes glacées

Poire Williams à la glace vanille et sauce nougat

Saint-Saphorin Roche Ronde 2003
Pinot Noir de Sierre 2003
Champagne Charles Heidsieck brut

Zürich (the unforgettable
Novalis 30, 1983

Charles Bukowski
versus
Richard Brautigan

Bevor ich die Geschichte einer Koinzidenz unter den im Titel erwähnten zwei Büchern dieser amerikanischen Autoren zu erzählen beginne, braucht es eine Erklärung, wie es zu meiner Schwäche für Alaska respektive Kalifornien gekommen ist, und zwar von hinter dem Eisernen Vorhang her. Es fing an mit Jack Londons Buch «Burning Daylight", 1910, dessen deutsche Ausgabe unter den Titeln „Lockruf des Goldes», «Goldrausch» oder «Lockendes Gold» erschien (?!). Ich habe das Buch mit vielleicht zehn Jahren gelesen und meine Sehnsucht nach dem Land Kalifornien wurde mit jedem Buch seiner Autoren stärker: Jack London, John Steinbeck oder William Saroyan. Später kamen die Beatniks dazu, Jack Kerouac, Allen Ginsberg, Lawrence Ferlinghetti, gefolgt von Richard Brautigan, dessen literarisches Schaffen gut zu der Hippie-Welle der 1960er und 1970er

15

Jahren passte. Allen Ginsberg erlebte ich persönlich am 1. Mai 1965 in Prag, als er zum König der Studentenschaft gewählt worden war - und anschliessend in die Fänge der Staatspolizei geriet und sofort ausgewiesen wurde. Richard Brautigan lernte ich 1983 in Zürich kennen.

Mein frühjugendlicher Traum ging in den 70er Jahren in Erfüllung, als ich mehrere Jahre lang in San Francisco lebte und abwechslungsweise, einem Stammgast, gleich das Café Vesuvio, Ferlinghettis City Light Bookstore oder die Specs Bar besuchte, alles Orte in North Beach, nicht weit voneinander entfernt.

Charles Bukowski passte nicht so recht in diesen nordkalifornischen Biotop, er lebte in Los Angeles, und seine Werke eigneten sich nicht besonders für die Stimmung von San Francisco zu dieser Epoche. Aber ich mochte die meisten seiner Bücher, vor allem sein «Post Office», 1971, das seltsamerweise auf Deutsch unter dem Titel «Der Mann mit der Ledertasche» erschien (?!). Dieses Werk Bukowskis habe ich im Offenen Bücherschrank deshalb fast übersehen, denn ich hatte gewiss keinen solchen Titel auf Deutsch erwartet.

Die Geschichte der Koinzidenz der zwei nebeneinander im Regal stehenden Büchern von Bukowski und Brautigan habe ich im Buch «Rien Ne Va Plus» unter dem Titel «The Uneven Fight between Charles Bukowski and Richard Brautigan» veröffentlicht[12]. Ich hatte meine Freude an der 4-Sternen Bewertung eines Lesers, die diesen Worlaut hatte: „Incidents, precedents, plus happy accidents»: A nearly famous writer visits the author's apartment. He happens to be drunk. He stumbles toward a bookshelf, pulls out a volume by another nearly famous writer, coincidentally also a drunkard, curses it loudly."

Es war eine kurze, aber hektische und intensive Begegnung in Zürich im November 1983. Wir freundeten uns an, aber es währte nicht lange. Nicht einmal ein Jahr später, im September des darauffolgenden Jahres, las ich mit Bestürzung, dass Richard Brautigan in seinem Haus in Bolinas tot aufgefunden worden war; in der Zeitschrift TIME fand ich diese kurze Notiz: „GESTORBEN. Richard Brautigan, 49, ein sanfter, zurückhaltender Romanautor und Dichter des kalifornischen Untergrunds. Seine ausgefallenen Bücher, darunter A Confederate General from Big Sur (1965), The Pill versus the Springhill Mine Disaster (1968) und der Bestseller Trout Fishing in America (1967), boten der Jugend der Hippie-Ära eine Art „natürliches High" mit intensiven Beschwörungen voller Humor, Romantik und Liebe zur Natur. Er starb an den Folgen einer selbst zugefügten Schusswunde in Bolinas, Kalifornien.

Seine stark verweste Leiche, die man Ende der Woche als diejenige von Brautigan identifizieren konnte, wurde von zwei Freunden, die sich Sorgen machten, da sie seit mehreren Wochen nichts mehr von ihm gehört hatten, in seinem Haus gefunden."

Ich hörte von Richard noch zwei Monate vor seinem Suizid. Ich bekam einen Brief[13] in dem er mir von seinen Plänen erzählte, er hätte vor, kurz nach Montana und dann für einige Wochen nach Japan zu reisen, wisse aber nicht, wo er den Winter verbringe, doch das Land sei ja gross genug. Er hätte auch vor, zwei Romane und ein Drehbuch zu schreiben.

Ich habe alle seine Romane gelesen, und als ich erfuhr, dass er auf der Liste der Gastautoren eines Literaturfestivals in Zürich stand, konnte ich nicht umhin, zu seiner Lesung zu gehen. Nach der eher langweiligen Stunde bin ich ihm auf dem weitläufigen Flur des Mädchengymnasiums am Hirschengraben begegnet und steckte ihm, während er von anderen Menschen umringt war, meine Visitenkarte zu und murmelte dabei: „Falls du mal 'was brauchen solltest in Zürich…"

Am nächsten Tag, gegen 11 Uhr, klingelte das Telefon. „Hast du etwas Wodka da?" Sofort erkannte ich Richards heisere, leicht lispelnde

Stimme und versicherte ihm, dass ich Wodka vorrätig hätte.

Na, dann komm her damit, ich bin im Hotel Florhof oder so.

Ich werde da sein, Richard. In etwa einer halben Stunde, okay.

Und hast du etwas Eis?

Nun, das können wir im Hotel bekommen, denke ich, sagte ich dem von mir bewunderten Schriftsteller.

Die Wodka-Runde dauerte drei Tage und drei Nächte lang, bevor er seine von der «Agency» bezahlte Kulturreise fortsetzen musste, weiter nach Amsterdam. Ich führte Richard herum, bald verstanden wir uns so gut, als wären wir seit Jahren befreundet. Richard hatte Spass, ich hatte Spass. Wir spazierten, wir assen, wir tranken, wir flanierten, wir tranken noch mehr. Richard eignete mich sich irgendwie an, ich sollte überall mit ihm zusammen hingehen: zu dem Abendessen bei einem Englischprofessor, wo er seine Kurzgeschichte „Cooking spaghetti dinner in Japan"[14] zu kochen hatte. Als er fertig war, zeigte er auf eine Flasche Whisky oben auf einem Schrank und fragte, ob er sie haben könne. Aber ja! Er bat den Gastgeber, ihm die Spaghettisauce in einen Takeaway-Behälter abzufüllen. Daraufhin verabschiedete er sich ungemein schnell, und wir machten uns auf den Weg an die Zweierstrasse zu mir heim. In meiner Küche setzte er Wasser auf für die Spaghetti, und ohne dass ich etwas helfen durfte, servierte er allein für uns zwei sein Rezept.

Ich musste ihn ebenfalls zu einem Vorstellungsgespräch beim Schweizer Fernsehen und zu den anschliessenden Aufnahmen im Hotel „Bellerive", die Urs Egger mit ihm machte[15] begleiten. Richard Brautigan wünschte, die Orte gezeigt zu bekommen, die James Joyce frequentiert haben sollte, usw....

Ich kann es mir hier nicht verkneifen zu erwähnen, dass in einer 852seitigen Biographie aus dem Jahre 2012 diese Zürcher Zeit mit einem salopp geschriebenen Absatz, der nicht dem wahren Verlauf entspricht, abgehandelt wird. Der Autor behauptet, Richard Brautigan habe die drei Tage in Zürich damit verbracht, dass er den Fluss Limmat (nicht Sihl) beobachtete und zusammen mit einem Schweizer die Stadt durchschritt, um die Orte ausfindig zu machen, wo wohl Fischschwärme zu finden wären.

Wir gingen durch die Strassen von Zürich, von einer Kneipe zu einer Bar, von einer Bar zu einem Restaurant, besuchten Orte wie das „Copi", das italienische Restaurant, in dem noch Carlo Marx an der Wand hing, die spanische Bodega in der Altstadt, den James Joyce Club oder die

Helvetia Bar, das «Helfti». Richard trank gern, aber Geld gab er dafür eher sparsam aus. Offenbar war seine Knauserigkeit legendär, nicht nur, weil ihn seine Scheidung finanziell hart getroffen hatte. Er liebte es, Dinge um uns herum zu kommentieren, sich selbst ebenfalls. Ich erinnere mich an diesen Spruch von ihm: „Ich bin ein Amerikaner, ein Tier, ein denkendes Fleisch, eine Maschine, ein Mensch, ein Profi. Du musst ficken und kämpfen."

Um jeweils zu mir zurück zu kommen, mussten wir die Sihl bzw. ihren Kanal überqueren, und Richard liebte es, ihren Namen auszusprechen, für ihn war es „the Zeal river", er kannte den Flussnamen eben dank den Schriften von James Joyce. An einem Abend überquerten wir die Sihl, unterwegs zu meiner Wohnung im Kreis 4, um uns ein bisschen zu erholen. Richard machte es sich auf der Stelle auf der Couch bequem und schlief ein, die Füsse - wie üblich in Stiefeln - auf der Seitenlehne hochgestützt. Gegen Abend wachte er auf und fing an, sich die Dinge anzusehen. Draussen war gerade die Strassenlaterne angegangen, es fing an zu regnen. Plötzlich war Richard wütend. Er zog ein Buch aus einem Bücherregal heraus, öffnete die Balkontür und warf das Buch auf die Strasse hinaus. Gerade noch schaffte ich es einen Blick auf den Titel zu werfen: „The Post Office" von

Charles Bukowski. Eigentlich mochte ich das Buch, aber ich blieb sprachlos stehen. Richard fauchte mich an: You don't need that bullshit here. Ich schaute hinunter, neugierig zu erfahren, wo das Buch gelandet war: «Post Office» schaffte es über die ganze Strasse und endete in einer Pfütze in der Bürgersteigrinne. Es wurde allmählich vom Regen durchnässt, und noch Tage später sah ich, wie es zerfiel und sogar von einem Pferdewagen, der Bierfässer zur «Anker»-Kneipe an der Ecke brachte, plattgedrückt wurde. Ich fragte mich, ob Charles Bukowski daran Anstoss nehmen würde, dass ein Buch von ihm so ein Ende nahm. Wahrscheinlich wäre es ihm völlig egal gewesen, oder es hätte ihm sogar gefallen. Und schliesslich überlebt er seinen literarischen Konkurrenten um 10 Jahre.

Richard ging zurück zum Bücherregal, und ich zeigte ihm seine Bücher. Er wählte eines davon aus: „Loading Mercury with a Pitch Fork". Er setzte sich damit an den Tisch und bat mich um einen Stift.

I love it, du hast dieses hier, sagte er und begann, eine Widmung hinein zu schreiben, wobei mir sofort auffiel, wie seine Handschrift durch Legasthenie verzerrt war.

Richard Brautigan

Loading Mercury
with a Pitchfork

Danach schauten wir uns einige meiner Filme auf VHS-Kassetten an. Richard war tief bewegt von dem Film «Vilma - Against the Odds», den ich zwei Jahren vorher in Lima, Peru, gedreht hatte. Es war ein Unicef-Projekt mit dem Titel „Ich habe einen Namen", in dem der Alltag dieses 11-jährigen Mädchens dargestellt wurde. Es zeigte die Armut in der Villa El Salvador, einem Elendsviertel im Süden der peruanischen Hauptstadt. Richard fing an zu weinen und flüsterte: „Ich komme auch von da unten, ich habe es geschafft … ich bin ein reicher Mann."

Richard Brautigan war gewiss ein nicht wenig eitler Mann, nicht nur angesichts seiner Feindseligkeit gegenüber Bukowski, aber auch in Anbetracht dessen, dass er auf den Umschlägen all seiner Bücher selbst abgebildet war. Er war ein gross gewachsener Mann mit dem Aussehen eines Buffalo Bills, mit schulterlangem blondem Haar, dickem Schnurrbart und einem Hauch vergangener Zeiten. So wie er auf dem Umschlag seines erfolgreichsten Buchs abgebildet ist: «Forellenfischen in Amerika», die Erstausgabe deutsch 1986.

Wahrscheinlich dank dem von ihm gepflegten Personenkult mit den Fotos auf den Buchumschlägen erlebte ich die folgende Szene, als ich ihn zum Flughafen brachte. Wir näherten uns den Check-in-Schaltern, da kam eine Frau auf uns zu, die Arme weit ausgebreitet, um Richard zu umarmen, wie wenn er ein intimer Freund von ihr wäre. Sie war von äusserst weiblicher Erscheinung, mit langen, buschigen Haaren um ein klar geschnittenes Gesicht, mit warmen Augen, sinnlichen Lippen und einer ziemlich üppigen Brust, gekleidet in einen kurzen Blazer über einer halboffenen Bluse und einem Rock, ihre langen Beine in Stiefeln. Dieses weibliche Wesen hätte die Frau sein können, die Richard in seinem Roman „The Abortion: An Historical Romance 1966" beschrieben hat: «eine Frau, der die Männer in Ohnmacht vor die Füsse fielen. Vidas Körper, ihr perfektes Gesicht und ihr langes, leuchtendes Haar riefen wie üblich bei den Männern so etwas wie Panik hervor.»

Nun verlief diese Situation umgekehrt. Diese schöne Unbekannte warf sich Richard in die Arme. Mich neben ihm ignorierend, lief sie auf ihn zu, umarmte und küsste ihn. Es war, als wäre er gerade angekommen und eine lang auf ihn wartende Liebste würde ihn empfangen. Sie flüsterte: „Richard, ich freue mich so sehr, dich zu sehen. Ich danke dir." Richard hatte keine Zeit zu antworten, da sie ihre Umarmung lockerte, sich umdrehte und mit einem Lächeln auf den Lippen zwischen den Passanten verschwand.

«Die einzig gute Show in Zürich», kommentierte Richard die unerwartete Umarmung mit dieser Verehrerin.

Von der Pazifikküste, aus Bolinas, wo Richard Brautigan sich mit einer 44er Magnum erschoss, kam ein Brief, der - wenn ich ihn jetzt lese - wie eine Vorahnung der letzten Dinge ist; er muss ihn etwa einen Monat vor seinem Suizid geschrieben haben; am Ende hiess es: … wo auch immer wir uns das nächste Mal auf der Welt treffen. Entweder hier oder dort oder dort oder dort …

Vielen Dank.
Dein,
Richard

Viele Jahre waren vergangen bis ich im Februar 2013 nach Kalifornien kam. Dank dem Buch seiner Tochter Ianthe[16] wusste ich, dass Richard auf dem Calvary Catholic Friedhof in Bodega hätte begraben sein sollen, mit einer Inschrift auf einem weissen Marmorstein; einstweilen jedoch ruhe seine Asche in einem japanischen Karton.

Calvary Catholic Cemetery in Bodega, California

Bolinas
July 5, 1984

Dear Jiri,

At long last . . . !

First things first: You should not send strangers to meet
Bois. It's just not worth it. I would have been better off not
meeting him.
OK, that's taken care of.

I hope that everything is going fine with you this summer
in Zurich. I'm home from my travels. I returned from Japan the
middle of May, and I'm now living in a little town 25 miles north
of San Francisco on the California coast. I bought an old house
here years ago, and I'm busy doing a lot of writing here. I'll
be here until October, then I go north to Montana for a short visit,
then back to Japan for a few weeks, then I return to America where
I will spend the winter. I don't know where, but the country is
big enough

This summer I am writing two books and a screenplay.

It is a work summer.

I hope that you are getting a lot done, too.

Question: Did Swiss TV sell that program they did on me to
German TV? If so, when was it aired in Germany?

Hey, I miss you!

You were so kind to me in Switzerland. I hope that someday
I can repay it wherever we meet next in the world.

Either here or there or there or there . . .

Thank you.

Yours,

27

Von der "Wüstenblume" zu "Neguinha"

Das Buch die «Wüstenblume» aka «Desert Flower» ist ein Dauerbrenner hier im Offenen Bücherschrank. Sei es auf Deutsch oder Englisch und in sehr verschieden Ausgaben. Es ist die wahre Geschichte eines somalischen Mädchens, dem die Flucht nach England gelang, gerade zu der Zeit als sich die westliche Welt um die Frauenbeschneidung zu kümmern begann. Cathleen Miller, eine amerikanische Schriftstellerin, nahm sich des Transkripts der Geschichte von Waris Dirie an und verwandelte es in eine Novelle, die zum weltweiten Bestseller avancierte. Es kam 2009 zu einer sehr guten Verfilmung.

Als ich an der Geschichte meiner brasilianischen Freundin zu arbeiten begann, wusste ich, dass wir einen bekannten Schriftsteller benötigen würden, einen «Ghostwriter», der oder die die Transkription Neguinhas gleich eindrucksvoll formen könnte wie es im Fall von Waris Dirie war. Neguinhas Transkription ihrer «oral history» war auf Portugiesisch und Italienisch, das trug sie nach und nach ihrem Freund in Italien vor, und so musste ich den Text zunächst ins Englische übersetzen, denn ich glaubte, der amerikanische Buchmarkt wäre der richtige Ansatz. Um eine Projekteingabe zu schreiben und mich damit auf die Suche nach Cathleen Miller zu machen, standen mir die damaligen Aufzeichnungen der ersten Begegnung zwischen mir und Neguinha auf dem Titicaca-See in Peru im Jahre 1981 zur Verfügung.

«...Alle Passagiere verweilten schweigend dem See zugewandt, jeder allein an der Reling stehend. Nur Neguinha hatte dem See und der atemberaubenden Landschaft den Rücken zugewandt, und stattdessen blickte sie zur Kapitänsbrücke, unter welcher ich auf einer Bank sass. Von Zeit zu Zeit beobachtete ich sie und bemerkte, dass sie in ihrem schwarzen Gesicht genau den gleichen Ausdruck von Verlorenheit hatte wie alle anderen. Plötzlich wurde mir klar, dass sie direkt zu mir schaute, mit

Augen in denen so viel Traurigkeit lag, dass ich sie anlächeln musste, um diese zu vertreiben. Neguinha erwiderte das Lächeln und schüttelte den Kopf, als wollte sie sagen: "Was mache ich hier? Was machst du hier?" Ich lächelte noch einmal, stand auf und ging auf sie zu. Sie war ein ziemlich grosses, schlankes, schwarzes Mädchen mit einem unter dem formlosen Poncho nicht wirklich erkennbaren Körper. Den Poncho trug sie über einem Parka. Sie war ungefähr zwanzig, mit einem unbestreitbaren Charme, der ab und zu aus ihren Augen funkelte und um ihre Lippen spielte. Da war auch etwas Vertrauliches in ihrem Gesichtsausdruck.

„Hola", sagte ich zu ihr.

„Que tal?" antwortete sie und fügte die Frage an "De donde?"

„De donde...", wiederholte ich ihre spanischen Worte...»

Als ich Neguinha kennenlernte, hatte sie bereits mehrere tausend Meilen durch den Dschungel zurückgelegt, um schliesslich Bolivien und die Anden zu erreichen. Meist war sie solo unterwegs, eine schwarze Frau allein unterwegs. Sie war auf der Flucht aus Brasilien, Ziel unbekannt. Sie wünschte sich, eine Zuflucht zu finden, eine neue Chance... irgendwo... irgendwo.

Das Motorboot war fast leer und bis auf ein deutsches Ehepaar mittleren Alters schienen alle Passagiere etwas verloren, fehl am Platz zu sein. Niemand schien wirklich begeistert zu sein von dieser Reise zu den Strohinsel, auf denen Folklore-Indios leben. Wir kamen ins Gespräch, und schnell fanden wir heraus, was uns verband:

wir waren beide Flüchtlinge. Neguinha vor der Militärdiktatur im Westen, ich vor den russischen Okkupanten im Osten. Nach und nach konnte ich ihre Geschichte in Erfahrung bringen, nicht nur in diesen Stunden auf dem Ausflugsboot.

„Neguinha" bedeutet so etwas wie kleine Negerin, ein Name, den sie als kleines Mädchen von ihrer Mutter bekam, eines unter neun in der Familie, aber da es als einziges ganz schwarz auf die Welt kam, wurde ihr dieser Kosename gegeben.

Ihre Grossmutter war eine weisse Portugiesin, Tochter eines Plantagenbesitzers, ihr Grossvater väterlicherseits ein aus Angola eingeschleppter Sklave; ihre Mutter war eine indigene brasilianische Indianerin aus den Amazonas. Die Familie musste die Plantagen verlassen und sich woanders Arbeit suchen. Sie zogen in die stetig wachsende Stadt Rio de Janeiro und liessen sich an der Peripherie nieder. Neguinha wuchs praktisch ohne Schulbesuch auf und arbeitete den ganzen Tag lang. Im Alter von etwa 16 Jahren zog sie, um sich einer geplanten Ehe zu entziehen, in die Innenstadt von Rio, in den alten Stadtteil Santa Teresa. Zu dieser Zeit war in Brasilien eine rechte Militärregierung an der Macht und sie lernte die berüchtigten Black Squadrons kennen - sie erschossen ihren Bruder;

nach kurzer Haft verliess sie Rio auf der Suche nach einem besseren Leben.

Mehr als zwei Jahre lang reiste Neguinha durch Brasilien, Bolivien und Peru. Sie hatte nichts, und sie hatte nichts zu verlieren; ihr Besitz, das war „nur ein Gepäck, eine kleine Handtasche, in der ich meine zwei T-Shirts, zwei Paar Unterwäsche und mein Werkzeug aufbewahrte".

Sie schlug sich durch, war es Kochen, Putzen, Wäsche machen oder eigenen, handgemachten Schmuck herstellen. Sie geriet in Situationen, die sie nicht bewältigen konnte, sie traf Menschen, die ihr halfen, weiterzumachen. In diesen zwei Jahren legte Neguinha mehr als 30.000 Kilometer durch das Amazonasgebiet zurück, von Bahía bis nach Manaus, über die Anden (La Paz, Cochabamba, Puno), bevor sie nach Lima, Peru kam. Von der peruanischen Hauptstadt aus konnte sie mit einem gefälschten Pass einer holländischen Aussteigerin ein Flugzeug nach Europa nehmen.

Neguinha schaffte es, im Mai 1981 nach Italien zu gelangen und machte sich auch in diesem Land auf den Weg. Um nicht ausgeliefert zu werden, heiratete sie auf ein Angebot hin einen der Studenten, den sie in Bolivien kennengelernt hatte; sie wurde italienische Staatsbürgerin.

Für die linken Studenten war sie ein gutes Beispiel für rassistische Ausbeutung. Aber Neguinha hatte bald genug von ihrer Rolle, sie hatte ja keinen Beruf oder keine Ausbildung, so lernte sie mit zwanzig auf Stöckelschuhen zu laufen und wurde schliesslich Model. Fast Analphabetin, eine Selfmade-Persönlichkeit, begann sie nun um die Welt zu reisen.

Neguinha wurde in Italien bekannt, sie hatte 1982 eine Rolle als «GOCCIA DI CAFFE' " in der TV-Show «Portobello», die zur Hauptsendezeit am Freitagabend lief.

Sie heiratete zum zweiten Mal, liess sich in Rom nieder. Ein paar Jahre später heiratete sie zum dritten Mal, einen Ingenieur, der für Entwicklungsagenturen der Dritten Welt arbeitete; Neguinha folgte ihm bei seinen Projekten in Länder wie Indien, Kap Verde oder Krisengebiete wie Bosnien; und sie wurde Mutter eines Mädchens und eines Jungen.

Für eine Weile kehrte sie nach Brasilien zurück, kam dort aber nicht zurecht, jetzt allein mit zwei Kindern. Als sie nach Italien zurückkehrte, baute sie sich nördlich von Rom eine neue Existenz auf und führte ein Restaurant und ein Pensionshaus. Dann kam ihr Mann zu ihr zurück. Aber es klappte nicht. Er bat um die Scheidung, machte sie für alles verantwortlich, und er beantragte auch das Sorgenrecht für die Kinder; das Gericht entschied zu seinen Gunsten.

Wieder allein und wieder obdachlos, machte sich Neguinha noch einmal auf den Weg…

Warum dieses Buch? Diese persönliche Geschichte besticht durch eine einzigartige Vitalität: Dieses eine Leben zu bewältigen, indem man sich auf Fähigkeiten verlässt, die in keiner Schule erlernt werden können; Vitalität und Freude, ein weiteres neues Leben zu leben, wo auch immer auf dieser Erde. Diese Energie, zu überleben und in allen möglichen Situationen einen Tag daraus zu machen, kommt in Neguinhas direkter, unprätentiöser Sprache zum Ausdruck. Obendrein zitiert die Autorin immer wieder Sprichwörter oder Alltagsweisheiten, die ihr von Mutter und Grossmutter erzählt worden waren.

Der erste Kontakt zu Cathleen Miller kam im Herbst 2010 zustande, knapp dreissig Jahre später. Ich lebte infolge der bevorstehenden Ehescheidung in Nännigkofen im Kulturhof «Weyeneth», wo man sogenannte «Auszeit» im Angebot hatte: ein Zimmer mit Frühstück. Da ich nicht mehr arbeitete, widmete ich mich meinen Projekten, die sich jetzt vom Medium Film zur Literatur verlagerten. Eines der ersten Themen, die ich anging, war eben Neguinha, unter dem

Motto: *"Freedom is just another word for nothing left to lose..."*, Janis Joplin.

Cathleen Miller, die Weltbestsellerautorin antwortet!!! Die Autorin der "Wüstenblume"! Ihre Reaktion allein genügt mir schon, "good news"!!!. Sie hat geantwortet, habe ich mir notiert als das erste E-mail von ihr eintrifft. Das zweite E-mail tönt noch besser: Cathleen Miller hat meine Projektunterlagen geprüft und kommt zum Schluss: *«... nachdem ich deine exzellente Beschreibung der Begegnung mit Neguinha gelesen habe, bin ich noch mehr vom Projekt fasziniert.*

Ja, es kam dazu. Das Buchprojekt über das Leben meiner brasilianischen "Halbschwester" stockt jedoch. Cathleen Miller war in Brasilien, konnte ihre Recherchen an den vielen Lebensstationen Neguinhas durchführen, doch eines Nachts wurden sie in Paraty überfallen und es folgte eine fast fluchtartige Verlagerung nach Italien. Cathleen Miller konnte aber von diesem nicht geplanten Aufenthalt ebenfalls profitieren; sie lernte dabei Neguinhas Tochter kennen, und in Avignon traf sie Isabelle Vavasseur, mit der zusammen Neguinha einige Zeit per Anhalter unterwegs gewesen war, bis sie in Arembepe angekommen waren. Cathleen Miller schrieb einen sogenannten «elevator pitch», eine kürzest mögliche Abfassung des beabsichtigten Buchs:

The story tells the amazing adventures of Neguinha, a true story which reads like the script of an Indiana Jones sequel.

Neguinha escapes Brazil after her brother is murdered by the Death Squads terrorizing the country. Then still a teenager, she travels alone, retracing the path of millions of European immigrants, and after arriving in Italy, rises overnight from washing dishes in a bar to a successful life as a model, performer and documentary filmmaker. Her memoir will be written by the bestselling author Cathleen Miller, who wrote Desert Flower, an international sensation which has sold 11 million copies in 55 languages, and was adapted as a feature film shown around the globe.

Fernanda Machado, Neguinha, Cathleen Miller
Amazonas

Das war vor mehr als zehn Jahren, als unser Optimismus richtig blühte. Aber... Trotz der top Referenzen von Cathleen Miller, die inzwischen die Biographie von Nafis Sadik, der ehemaligen Leiterin des UNO-Bevölkerungsfonds, geschrieben hat, und obwohl Brasilien 2014 dank den Olympischen Spielen in aller Munde war, unser Buch fand keinen Verleger - bis zum heutigen Tag im Juli 2022 nicht.

Aeberhards «**Swiss Paradise**»

Ich besuchte den Offenen Bücherschrank am 24. Dezember 2021 - ja, am Christmas Tag, wohl in Erwartung eines Geschenks für meine mehrjährige Besuchstreue - und eben als ein solches Geschenk habe ich das Buch „Swiss Paradise" von Rolf Lyssy, das 2002 vom Verlag R&R herausgegeben wurde, vorgefunden. Es ging damals an mir vorbei, da ich seit einigen Jahren nicht mehr in der Schweiz lebte. Die Filmszene war in meinem Leben sowieso zurückgetreten, da ich einen letzten Film für das tschechische Fernsehen im Jahre 1999 gedreht hatte (Der Titel: „Sie halten mich für einen Narren"). Ich wurde neugierig, und ich nahm das Buch „Swiss Paradise" mit nach Hause.

Ich muss eingestehen, ich habe es quasi in einem Zug gelesen, und von den geschilderten Erfahrungen vieles verwandt mit den Meinigen vorgefunden. Ich war aufs Höchste beeindruckt und berührt durch die autobiographischen Notizen von Rolfs Mutter. Ich sage Rolf, wir sind per Du, da wir uns aus der Zürcher Filmszene kannten, unter anderem anlässlich der Kampagne für die Erhöhung des kantonalen Filmförderungskredits anfangs der 90er Jahren. Wir haben sogar als Verein „Züri für den Film" einen „Werbefilm" dafür zustande gebracht, der auf einer Idee von mir basierte und die ich auch infolgedessen realisieren konnte ("Zürich für den Film", 14'21).

Das Zürcher Filmtram Nr 4, 1990

Nun, nachdem ich das „Swiss Paradise" fertig-gelesen hatte, tauchte bei mir die Frage auf, was mich mit der Schweizer Filmszene verband oder besser gesagt, aus welcher Ecke kam ich her, was hatte mich zum Film geführt, und weshalb wollte ich mich da durchsetze.

Bevor ich Rolfs Position schildere, möchte ich noch aus meiner Geschichte «Ein Dîner in Prag» zitieren, die von der Freundschaft mit der Schriftstellerin und Filmemacherin Anne Cuneo erzählt: «… unsere Wege als Autoren und Film-schaffende kreuzten sich häufig. Wir waren eben zwei Kosmopoliten im engen Zürich, und das machte uns teilweise zu Komplizen nicht nur im Kampf gegen die Begutachtungskomissionen und die Gremien der potentiellen Geldgeber wie Migros. Vor allem aber machten wir uns stark ge-gen das Schellenbergsche Fernsehen, das die freie Filmszene fast wie einen bedrohlichen Feind des öffentlich-rechtlichen Medienmonopols be-handelte, wenn es um unsere Projekte ging.

Rolf sieht es ähnlich und liefert drastische Beispiele des Scheiterns einiger Kollegen und seiner selbst inbegriffen. Für mich ist sehr interessant, dass Rolf Lyssy von seiner «Konfrontation» (1976) einen Bogen schafft zu «Die Schweizermacher» (1978), d.h. von einem kritischen Dokfilm zu einer kritischen Sozialkomödie, die, gemessen an den Zuschauerzahlen, die erfolgreichste Schweizer Filmproduktion aller Zeiten wurde. Die meisten Schweizer Regisseure drehten Filme, die sich mit gewissen unrühmlichen Kapiteln der Schweizer Geschichte abmühten, es war wie eine Seelenläuterung, meistens von einer düsteren Stimmung geprägt; der Film «Schilten» mag dafür ein gutes Beispiel sein. Ich als Aussenseiter konnte diese Art der Filmerzählung schwer nachvollziehen. Meine Vorliebe galt eher den Werken der Filmemacher aus Genf, den Filmen von Tanner, Soutter oder Goretta: «Charles mort ou vif», «Les Arpenteurs» oder «L'invitation», die eher dem tschechischen Humor eines Jiří Menzels oder Milos Formans entsprachen

Rolf schildert seine eigene Depression, wie er sich in eine Klinik einweisen lässt, mit allem hadert, privat wie beruflich. Er erinnert sich an einen Filmkollegen, der ebenfalls psychiatrische Hilfe suchte, aber sich schliesslich doch vor den Zug warf. Er war nicht der Letzte, der aus Verzweiflung diesen radikalen Schritt vollzog. Es gab eine ganze Reihe von Gescheiterten, Rolf schildert einige der Fälle im Detail und verwendet dafür Ausdrücke wie «Cineasten- selbstmörderzunft».

Er nennt die Mentalitätsgründe, die in der «Anonymität der demokratieprogrammierten (Film)-Gremien» dominieren: nicht grosszügig, nicht Mut machend, nicht risikofreudig, nicht vertrauensvoll usw., sondern abwürgend, (vor)-verurteilend besserwisserisch. Ich selbst habe mal nachgefragt warum ein Projekt von mir keinen Unterstützungsbeitrag erhielt und nach Einsicht in die Protokolle habe ich erfahren, dass mir die Etikette «guter Industriefilmer» verpasst wurde. Als ein Freischaffender konnte ich ohne PR- und Imagefilme nicht überleben, ich war ein «Auftragsfilmer» und das wurde mir verübelt. Was mir am meisten leid tat, war die Tatsache, dass in den Gremien Leute sassen, die mich bei einer Begegnung umarmten, herzlich begrüssten. Aber keiner hatte mich gewarnt, keiner hatte mir gesagt ich hätte sowieso keine Chance, ich leide unter dem Makel ein «guter Industriefilmer» zu sein[21].

Ich bekam aber noch einen anderen Malus zu spüren. Die Leute in den Gremien und Aus-schüssen sowie beim Fernsehen waren meistens eher „links" gefärbt, enttäuschte 68er, und als einem Emigranten aus der besetzten Tschecho-slowakei wurde mir mehrmals angedeutet, direkt oder indirekt, dass wir es mit dem „Sozialismus mit dem menschlichen Antlitz" wohl übertrieben und so selbst die Russen provoziert hätten, die Panzer rollen zu lasen. In seinem Buch «LESSONS» (2022) erfasst Ian McEwan diese perverse Interpretation so, dass die Hauptfigur seine antiimperialistisch gesinnten Besucher hinauswirft, weil sie behaupten, dass die Russen auf «Geheiss» der Arbeiterklasse in die Tschechoslowakei einmarschiert sind. McEwan ergänzt noch, dass seine Besucher bei ihm eine Flasche ungarischen Rotweins Marke Stierblut («Egri bikavér») liegen gelassen haben, den er aber daraufhin nicht zu trinken vermocht habe. («Egri bikavér» habe ich gerne getrunken, er war im Ostblock der einzig geniessbare Rotwein, die anderen, welcher Provenienz auch immer, waren einfach zu süss.)

Nach der „Samtenen Revolution» 1989 hörte ich auch so etwas wie „gell, ihr macht jetzt nicht die gleichen Fehler wie wir… (Hat es geheissen keine Kühlschränke? Keine Waschmaschinen oder Geschirrspüler? Keine Autos?...). Sollten wir jetzt so die «Überwindung des Kapitalismus» weiterhin mit Mangelwirtschaft erwirken?

Zum ironischen Titel von Rolf Lyssys Buchs «Swiss Paradise» passt als Pendant sehr gut der Titel «Das kalte Paradies», Film von Bernhard Šafařík[22], einem in Basel lebenden Emigranten. Sein Spielfilm (1986) erzählt eine Geschichte über neu ankomme Flüchtlinge. Der Film war praktisch ohne Filmförderung entstanden, oft wurde an den Wochenenden daran gearbeitet, und somit kamen z.B. drei verschiedene Kameramänner zum Einsatz.

Zumindest im Nachhinein, als der Film an diversen Festivals Preise erhielt und alle deutschsprachigen Sender ihn ausstrahlten, bekam der Autor eine „Studienprämie" vom Bund.

Kurt Gloor[23] war einer der Gescheiterten und sein Schicksal hatte mich am meisten betroffen gemacht. Ich sah seinen letzten Beitrag am Bildschirm, einen ein paar Minuten langen Clip «…wie man Benzin sparen kann, wenn man frühzeitig den 4. Gang einlegt.» Es war eines der traurigsten Erlebnisse, so vor dem Bildschirm zu sitzen und mitleidig an sein Schicksal zu denken, mein eigenes dabei reflektierend… Das waren so Brosamen des Schweizer Fernsehens für darbende Freischaffende. Ja, ich selbst ergriff diese Gelegenheit einige Male, durfte Beiträge für «Schauplatz» oder «Ratgeber» drehen, sinnigerweise einmal Thema «Stress», andersmal Thema «Phobie»

Als ein eingewanderter, 19jähriger Filmbegeisterter, konnte ich nirgends anknüpfen. Dank meiner Prager Ausbildung und zwei Jahren Arbeit als Stromkreis-Techniker bei der

Hasler AG und der Siemens AG in Bern wusste ich jedoch, was Volts und Ampéres sind. Dank einer schicksalhaften Fügung durfte ich bei der Condor-Film AG vorsprechen und die Position eines Beleuchters einnehmen, mit einer wohl ironisch gemeinten Aussicht, dass meine Illusion, einmal Regie führen zu können, mit der Zeit in Erfüllung gehen möchte…

Meine Probezeit fing anfangs 1972 an, ein Jahr später zog das Schweizer Fernsehen in das neu errichtete «Studio Leutschenbach» ein, und die Condor-Film AG belegte die Räumlichkeiten im Studio Bellerive an der Kreuzstrasse in Zürich.

Der Schweizer Fernseh- und Filmszene mangelte es damals an Berufsleuten, dazu gab es fast keine Ausbildungsmöglichkeiten für den Nachwuchs. Das war für viele Emigranten aus dem Filmland Tschechoslowakei die Gelegenheit, Arbeit zu finden, wobei die meisten fest beim SF DRS angestellt wurden: Kameraleute, Ton- und Schnittmeister und einige wenige als Realisatoren. Als meine Illusion Realität wurde, ich wirklich Regie führen durfte, lernte ich viele von ihnen kennen, die meisten Absolventen der FAMU, der Filmakademie in Prag. Es kam sogar vor, dass der Filmabspann eines Beitrags des Schweizer Fernsehens so aussah:

Kamera:	Jiří Hase
Schnitt:	Jiří Slavíček
Idee und Regie:	Jiří Havrda

The Swiss Paradise… Punctum. Ich habe das Gremiendasein überlebt und dank der Zusammenarbeit mit zwei Produzenten doch einige freie Filme machen können. Es waren André Amsler von der Topic-Film AG und Peppo Jelmorini, Redaktor des Tessiner Fernsehens; dem Redaktor Dani Bodmer am SF DRS verdanke ich ebenfalls die Realisation einiger Koproduktionen.

Woher kam meine Begeisterung für das Medium Film? Ich wuchs ja in Prag auf, Mitte der 60er Jahre war ich etwa 15 Jahre alt und war zusammen mit meiner Peer-Gruppe voll dem Kino verfallen. In den Kinos liefen die Filme der Nouvelle Vague, des Young British Cinemas sowie die polnischen und die tschechischen Filmproduktionen, die das ausdrückten, was uns da hinter dem „Eisernen Vorhang" fehlte. Merkwürdigerweise war es aber ein Film aus der amerikanischen Produktion, der mich entscheidend polarisierte: „The Savage Eye"[24]:

Es mag sein, dass ich dafür prädestiniert war dank meinen Lieblingsautoren wie Jack London, John Steinbeck, Ernst Hemingway, Upton Sinclair, Sinclair Lewis oder William Saroyan. Ich hatte den Film "Das entfesselte Auge" vormittags an einer Pressevorführung gesehen und das deutet an, dass ich deswegen die Schule schwänzte. Was war so besonders an diesem Film? Nach Fiona Kelleghan in IMDb handelt es sich um ein Drama, das sich der dokumentarischen Mittel bedient. Es ist eine Reise durch das Stadtleben, durch die Strassen von Los Angeles, während die Kamera Judith folgt, die frisch geschieden da einen Neuanfang sucht. Sie begegnet vielen eigenwilligen Stadtbewohnern, Trendsettern oder religiösen Fanatikern. Diese

Gestalten spiegeln Judiths persönliches Versagen genauso wie ihr Verlangen nach einem neuen Leben.

Man kann sich nun fragen, was es war, das einen 15jährigen in einem „sozialistischen" Land hinter dem Eisernen Vorhang so zu faszinieren vermochte. Ich erinnere mich an zwei Dinge: die Kameraarbeit in schwarzweiss von Haskell Wexler, Jack Couffer und Helen Levitt im Stil des "cinéma vérité" und meine Empathie zu Judith als Frau. Ich war wie besessen von diesem Thema, das sich zu einem lebenslangen Streben nach der Realisierung solcher Frauengeschichten, die ich entweder selbst schrieb oder aus literarischen Vorlagen zu Treatment oder sogar zu einem Filmdrehbuch entwickelt hatte. Die Geschichten basierten eben auf dem Thema der Überwindung des persönlichen Versagens, das zu einem Neuanfang zu führen vermag.

Aber zu Grunde lag meine Besessenheit durch die Weiblichkeit, so wie es Romain Gary angeblich kurz vor seinem Freitod gesagt haben soll: „Die einzige Sache (*la ch57ose*), die mich interessiert, ist die Frau. Ich sage nicht ‹die Frauen›, Achtung, ich sage: ‹die Frau›, ich meine die Weiblichkeit.»[25]

Leider konnte ich keine Drehbücher mit diesem Thema als Spielfilm auf die Leinwand bringen. Ich hatte zumindest die Gelegenheit, zwei Dokumentarfilme zu drehen, den einen über Marianne Werefkin, die russische Malerin, Freundin und Mentorin von Alexej Jawlensky und Vassily Kandinsky, die schliesslich aus München in die Schweiz geflüchtet war und in Ascona ihren Lebensabend verbrachte. Der zweite Dokumentarfilm hatte die Folgen der Landflucht in den 70er Jahren in Peru dank der Lebensgeschichte einer indigenen Peruanerin geschildert. Sie war am Rande von Lima, in dem "pueblo joven" Villa San Salvador, aufgewachsen und gründete später selbst eine Familie - "Ein Leben am Rande" (1981/1991).

Die Geschichte von „Neguinha" (Kapitel 3), obwohl nicht realisiert, wäre für „mein" Thema ebenfalls repräsentativ.

Zurück zu meinem „initiation rite", zum „entfesselten Auge". Es handelt sich um eine sehr unwahrscheinliche Koinzidenz, dass ich zehn Jahre später in die Familie Strick, die Familie von Joseph Strick[26], einheiratete, des einen der drei Regisseuren. Ende 1973 hatte ich bereits drei volle Monate Überstunden und ich machte mich auf eine Erkundungsreise in die USA. Ich hatte genug von der praktischen Filmerei, ich war schnell vom Beleuchter zum Aufnahmeleiter aufgestiegen, und ich wollte nun ein Filmstudium nachholen. Mein Itinéraire, das waren die Filmfakultäten oder die Art Instituten in Atlanta, Houston, Los Angeles, San Francisco, Chicago, Toronto und New York. Schliesslich entschied ich mich für SFSU San Francisco, und das aus zwei Gründen: ich lernte da meine zukünftige Lebenspartnerin kennen und die Schul- und Lebenskosten wären mit einem Stipendium der Berner Erziehungsdirektion einzig hier zu decken.

Während meines Reiseaufenthalts war ich Gast bei einem Freund von Hostivít, eines Emigranten aus unserer Berner 68er Clique. Bei ihm lernte ich Pavel Beran kennen, der in Prag als einer der schikanierten "Long hairs" bekannt war und der 1965 ein Freund von Allen Ginsberg wurde, als dieser während seines Prager Aufenthaltes zum König des "Majáles" gewählt worden war. Pavel ist auf dem Foto, das die STB, die tschechische Staatssicherheit, aufgenommen hatte.

Photo: Allen Ginsberg Estate[27]

Mit Pavel zusammen waren wir eines Abends in der Spec's Bar in San Francisco, und als wir um Mitternacht unsere Heimreise nach Berkeley antraten, über die Oakland Bay Bridge und weiter über die Ashby Avenue, bemerkten wir Licht in den Fenstern eines Eckhauses. "Hey, let's stop... Da ist noch was los!" rief Pavel freudig aus. Ich parkte den Chevy und wir klopften an die Tür. Ja, eine Party lief da, und ja, wir können herein kommen... So lernte ich Jennifer kennen, meinen Spuk.

Jennifer, das California-Girl, wuchs in Los Angeles auf, unter der Obhut ihrer Grosseltern, zusammen mit ihrer Mutter und ihren zwei Schwestern. Die Grosseltern gehörten dem Kreis der gesellschaftskritischen Künstler an, die während der McCarthy-Jahre gewissen Verfolgungen ausgesetzt waren, teilweise auch im Gefängnis landeten. Jennifers unmittelbare Nachbarn waren Schriftsteller wie Upton Sinclair, Howard Fast, Dalton Trumbo, Aldous Huxley oder der Filmregisseur Herbert Biberman[28]. Er und sein Bruder Edward, Jennifers Grossvater, der ein Maler war, hatten eine Schwester und sie war die Ehefrau von Joseph Strick, dessen Film mir zehn Jahre zuvor in Prag den Kick zum Film gab. Das alles erfuhr ich erst später als mich Jennifer eingeweiht hatte und ich auch ihre Familie kennen lernte… Koinzidenz? Synchronizität? Es muss wahrlich in den Sternen gestanden sein.

Ich habe meinen Bachelor in Arts in Film an der San Francisco State University erreicht und der ewigen Schwierigkeiten meines Status als Flüchtling wegen kehrte ich wieder in das «Swiss Paradise» zurück, sonst hätte ich als ein Staatenloser meine Niederlassungsbewilligung verloren. Meine Jennifer zog es vor, in San Francisco zu leben, doch bis zu ihrem frühen Ableben mit 49 Jahren sind wir seelenverwandte Freunde geblieben.

Im «Swiss Paradise» fing es harzig an, ein Diplom ist keine Garantie für einen Job. Nach hungrigen ersten Monaten konnte ich bei der Condor-Film AG in Zürich meinen Abschlussfilm vorführen, einen Dokfilm über die Fahrradkuriere, die die Steigungen und Abfahrten der Hügel von San Francisco mit Courage bewältigten. Wohl dank gewissen Qualitäten meines Abschlussfilmes, wurde ich als Drehbuchautor und Regisseur fest angestellt. So wurde ich ein «Auftragsfilmer».

Um der lebenslangen Verbundenheit mit Jennifer gerecht zu werden, will ich noch anfügen, dass ich ihre Asche dort verstreuen durfte, wo bereits ihre Schwester eine erste Hälfte davon verstreut hatte: unter der Golden Gate Bridge, im Gehege des Crissy Field Park. Das war im Jahre 2013, mehr als zehn Jahre nach ihrem Tod.

Während dieses Aufenthaltes hielt ich per Zufall die Zeitung "Free Venice Beachhead" in den Händen, und darin las ich wie zur Begrüssung einen Artikel über das riesige, denkmalgeschützte Murales[29] von Edward Biberman, dem Grossvater Jennifers.

So long California... Switzerland became my place for ever, the "Swiss Paradise".

«Vom Verstecken eines Gastes»

Der Schweizer Schriftsteller und Kolumnist Linus Reichlin[30] lebt inzwischen in Berlin, seine Werkliste beinhaltet mehr als ein Dutzend Romane, die teilweise mit renommierten Preisen prämiert wurden. Entsprechend oft sind seine Werke im Offenen Bücherschrank zu finden.

Dasjenige mit dem Titel «Vom Verstecken eines Gastes» hat hier bisher nicht auf mich gewartet. Ich will es jedoch erwähnen, weil es zu einer meiner Filmvorlagen führte. Reichlins zweites publiziertes Werk war ursprünglich beim Berner Verlag Zytglogge 1990 erschienen. Die am Filmprojekt Beteiligten lebten alle in Zürich und waren noch im Sog der bewegten 80er Jahre und «zum System» kritisch eingestellt. Noch hatten wir keine Ahnung, welche Menge Flüchtlinge auf der Suche nach einem Asyl in den kommenden Jahren in die Schweiz kommen würden, damals vor allem im Zuge des Bürgerkriegs, der nach dem Zerfall Jugoslawiens dort ausgebrochen war…

Absichtserklärung:

Die nachfolgenden Personen bestätigen mit ihrer Unterschrift, dass sie am Spielfilmprojekt

Vom Verstecken eines Gastes

mitarbeiten wollen.

Zürich, 5. April 1993

Linus Reichlin,
Schriftsteller

Johanna Lier,
Schauspielerin

Enzo Scanzi,
Schauspieler und
Autor

Wir hatten unsere Absichtserklärung 1993 unterschrieben. Es sind fast dreissig Jahre her und ich weiss leider nicht mehr, wie ich damals auf das Buch von Linus Reichlin gestossen bin. Aber da ich die Schweizer Literatur ziemlich genau beobachtete und im «Dreieck» an der Zweierstrasse im Zürcher Stadtquartier 4, dem «Chreis Cheib», lebte, lag mir das Thema aus vielen Gründen nahe. Zuerst muss ich erwähnen, dass das Buch bestens meinen eigenen Erfahrungen von den Konflikten und Reibungen in der Szene entsprach, da wir im «Dreieck» eben sehr viele Asylanten aus Ex-Jugoslawien hatten, und schliesslich war ich ja selbst einer; darüber hinaus wohnte im gleichen Haus Samir Jamal Aldin, mit dem ich mich sehr gut täglich über das Thema «fremd in der Schweiz» austauschen konnte (Wir hatten auch beruflich miteinander zu tun.).

Im Jahre 1993, dem Jahr der Projekteingabe, wurde der Verein das «Dreieck»[31] gegründet, der danach strebte, eine Wohngenossenschaft zu werden, die alle Miethäuser an der Anker-, Gartenhof- und Zweierstrasse umfasste, diverse Werkstätten im Innenhof inbegriffen.

DAS DREIECK

In diesem Häuserdreieck wohnen Menschen mit Familiennamen wie: Arifi, Beciri, Blocher, Castro, Degirmenci, Ferrara, Javurek, Keller, Malatek, Mastrogiacomo, Paparis, Shaffer, Schmid, Srisunakrua, Subosits, Vlasek, Vollenweider, Zivkovic, Zographos...

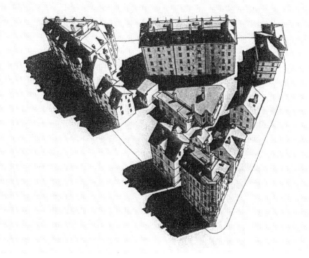

In das gesellschaftspolitische Gefüge dieses Milieus des «Dreiecks» passte die Geschichte von dem kurdischen Teppichweber bestens (siehe die Namen der Bewohner auf der Projekttitelseite), und alle Beteiligten waren fest davon überzeugt, dass wir einer Filmförderung würdig wären…

62

Vom Verstecken
eines Gastes
(welate xeribiye = fremdes Land)

1. Drehbuchentwurf
zu einem Spielfilm, 80 - 90 Min.,
Farbe (Beta SP)

von
Jiri Havrda
(unter Mitarbeit von Johanna Lier
und Enzo Scanzi)

nach dem gleichnamigen Buch
von
Linus Reichlin

Zytglogge Verlag Bern, 1990
Lizenzausgabe BRD, 1993

Jiri Havrda
Postfach 9261
Zweierstrasse 56
CH-8036 Zürich
Tel 01-242 95 85

in Koproduktion mit

Valerie Fischer
Silvia Produktion AG
Carmenstrasse 25
CH-8032 Zürich
Tel 01-252 19 13 / Fax 01-252 19 16

August 1993

Hier eine kurze Inhaltsangabe: Ein kurdischer Teppichweber aus der Türkei flieht in die Schweiz. Gefängnis, Folter, und dass man seinen Bruder und seinen Vater erschossen hat, sind für die Behörde kein Grund, ihm Asyl zu gewähren.

Er soll das Land innerhalb von fünf Tagen verlassen. Der Teppichweber wird von einer geschiedenen Frau versteckt, bei der er nicht lange bleiben kann, weil ihre Tochter den Gast nicht will. Die Frau wendet sich an eine Wohngemeinschaft, die dem Gast Privatasyl gewährt.

Ein wenig benutztes Zimmer wird geräumt. Eine Beschäftigung findet der Kurde bei Jean, dem Kantinenkoch einer im gleichen Gebäudekomplex tätigen Genossenschaft. Doch es kommt anders als die Wohngenossinnen und Wohngenossen es sich vorgestellt haben: nicht der Gast wird zum Problem, sondern sie selbst.

Jetzt, wo es darum geht, sich gemeinsam um den Gast zu kümmern, wird deutlich, wie heillos man sich im Laufe der Jahre auseinandergelebt hat, wie einfach das Reden und wie schwer das Handeln ist - davon erzählt der Spielfilm nicht ohne Ironie.

<u>Aus dem Treatment:</u> Nun ist das Zimmer bereit. Ohne Gerümpel wirkt der Raum zwar sauber, aber kälter... Vreni und Alex sind sich einig, das könne nur eine Notschlafstelle sein. Vreni sagt, sie werde noch Blumen besorgen, um dem Zimmer die Kälte zu nehmen. Sie muss es vergessen haben. Auch die Fenster bleiben ungeputzt...

64

... Gern hätte er jedem seiner Gastgeber die Hand gedrückt und noch einmal gedankt für die Gastfreundschaft, das Zimmer, das er nun, in jeder Hand einen Plastiksack, zum letzten Mal verlässt. Er dreht sich noch einmal um. Sein Zimmer, das Bett, der Stuhl.

Die Buchverfilmung klappte leider nicht (war wohl wieder der «gute Industriefilmer» daran schuld?), doch 1998 schrieb ich die Gremien noch einmal an, wieder mit dem gleichen Thema, das wir aber zusammen mit Peter Stierlin als einen Dokumentarfilm angehen würden: Wie die schliesslich erfolgreiche «Dreieck»-Geschichte in der Wohngenossenschaftsgründung gipfelte und sich exemplarisch bewährt hat; die Wohngenossenschaft ist sogar über die Grenzen ihres Ursprungsgebiets hinausgewachsen.[32]

Bewohner des «Dreiecks» vor der Gründung

Und die Nachbarschaft des Dreiecks? Nach dem das Jugendfoyer abgerissen wurde ("Nacht- und Nebel"-Aktion nach einer 5-Uhr morgens Razzia der Polizei) sind einige neue Bürogebäude entstanden. Der alte Bestand überwiegt jedoch: Häuser, durch dessen Fenster Freitag abends der Sabbath schimmert, darunter die "heil's angels"- Kneipe "Anker"; die städtische Asyl-Fürsorge und vis-à-vis die Bar "Sacramento"; die Heilsarmee und ein italienisches Lädeli oder eine Galerie...

Wie würde nun der Dokumentarfilm aussehen? Was würde er erzählen?
Anhand der spannenden Geschichte des Werdens der Dreieck-Genossenschaft, schildern wir einige Einzelschicksale, die die Immigration und Integration ins Dreieck (die Schweiz?) wieder- spiegeln. Es sind die Menschen, Schweizer und Ausländer, die uns interessieren. Sie sollen stellvertretend für die Immigrationsschübe ausgesucht werden (siehe oben, d.h. vom Zweiten Weltkrieg an, bis zu Kosovo).
Wir gehen ihnen nach: hier in der Schweiz, in ihre Heimatländer, an ihre Arbeitsstätten und einige, die im Dreieck nicht mehr wohnen, besuchen wir an ihrem neuen/alten Wohnort, sei es in der Schweiz, sei es im Ausland.
Das unmittelbar Erfahrene halten wir fest und reflektieren es durch Montage mit anderen Aussagen (kein Off-Kommentar!).

Ist das Dreieck eine "(SUISS)OASIS"?!

Wir wollen auch unbequeme Fraen stellen: Warum haben einzelne der Schweiz resp. dem Dreieck den Rücken gekehrt? Oder wollen es tun? Gelingt die Idee der Genossenschaft im Endeffekt? Geht es nur um "Erhaltung billigen Wohnraums? Oder anders gefragt: Was hat wen in die Schweiz gebracht? Was hat sie/er von diesem Land gewusst? Gehen ihre Erwartungen in Erfüllung?!

Textausschnitt aus der Projekteingabe 1998

Nun, wir liefen leider wieder auf Grund, keine Filmförderung. Beide «Dreieck»-Projekte ad acta gelegt, es war das «allerletzte Mal», dass ich ein Förderungsgesuch einzureichen wagte.

Was das Buch von Linus Reichlin «Vom Verstecken eines Gastes» angeht: es ist zeitlos, kurzweilig, trocken-sachlich geschrieben, und um so mehr kommt seine ironische Facette zur Geltung. Die Handlungsweise der Personen um den Gast herum ist hier im Visier, und ich habe den Eindruck, dass sich da gesellschaftlich gesehen gar nicht so viel verändert hat.

«Ein Gastspiel» von Cécile Lauber

Dieses schmale Heftchen, 83 Seiten stark,
wurde 1946 als die «19. Gabe des Volksbundes
für Dichtung» in Karlsruhe herausgegeben und
seither nicht mehr. Ich habe es im Offenen
Bücherschrank nicht vorgefunden, aber dafür
kürzlich die «Gesammelte Werke» Cécile
Laubers[33], die 1971 in Bern erschienen waren, da
fehlt jedoch das «Gastspiel». Wie ich zu meiner

Ausgabe gekommen war, von Hand mit einem Bleistift lektoriert, wohl einem Vorabdruck, habe ich keine Ahnung mehr, aber in der Hauptfigur des zurückkehrenden Auslandschweizers habe ich mich irgendwie wiedergefunden, und vor allem fand ich die Geschichte lustig.

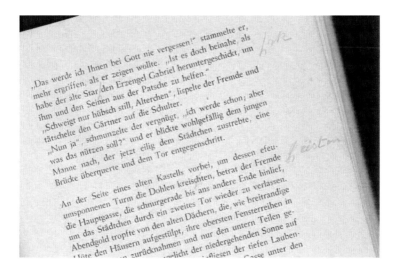

Aus dem Vorabdruck des «Gastpiels»

Ich stellte mir vor, den Stoff als eine 3-teilige Fernsehserie zu realisieren, eine Art Dramolette, mit Walter Andreas Müller in der Hauptrolle, den ich noch aus seiner Zeit am Theater «An der Rampe» in Bern kannte (ca. 1974/75) und beim Erarbeiten des Treatments vor meinen Augen agieren sah: Als den Singvogel, den unbelasteten, naiven Rückkehrer, der eine Spezerei als Erbschaft übernehmen kann. Er, namens Kilian, taucht in ein Milieu ein, das ihm fremd ist, aber er findet schnell heraus, wo die Vorteile für seine Gesellschaftsposition liegen könnten: die vererbte Spezerei steht unmittelbar neben dem Haus des verstorbenen Posthalters, der eine hübsche Tochter, Dolosea hat (das obendrein).

Ich muss vorausschicken, dass ich die «Gesammelte Werke» im Schrank belassen habe, aber bei jeder Gelegenheit Leute um mich herumfrage, ob sie die Luzerner Schriftstellerin Cécile Lauber (1887 - 1981) kennen, etwas von ihr gelesen haben - «Nee… Wer? Nein, noch nie…» (wohl ein Opfer des Ghostings mehr). Schon im Jahre der Projekteingabe vor mehr als dreissig Jahren war es nicht anders, aber ich fand mich in der Figur Kilians auf vielerlei Art und Weise wieder, abgesehen davon, dass ich keine Erbschaft anzutreten hatte, und ums Heiraten ging es mir auch nicht. Kürzlich ist der von mir geschätzte Filmregisseur Alain Tanner verstorben (2022), und in Christoph Eggers Nachruf steht ein bemerkenswerter Satz: «Doch war Alain Tanner nicht immer schon ein Fremder in diesem Land gewesen? Ostentativ setzt «Messidor» mit «Gute Nacht» aus Schuberts «Winterreise» ein: **«Fremd bin ich eingezogen / Fremd zieh ich**

wieder aus.» Er habe keine Wurzeln, «pas de véritable identité», schrieb Tanner in seinen «Cinémélanges» (2007). Seine Eltern hätten zwar in Genf gewohnt, aber kaum gewusst, wo sich die Schweiz befinde. In dieser Hinsicht sei er eine Waise gewesen, abgesetzt auf der Grenze irgendwo zwischen der Schweiz und Frankreich. «No Man's Land» (1985) bezeichnete einen solchen Nichtort, frequentiert von einigen Heimatlosen…"

Aber nun zurück zum Kilian, unserem „Fremden" und seiner Geschichte, nachfolgend anhand vom damaligen „Exposé für eine 3-teilige Fernsehserie nach der gleichnamigen Novelle von Cécile Lauber":

EIN GASTSPIEL

Die Rivalität der zwei lokalen Gesangvereine stellt
den Rahmen der Handlung dieser Komödie dar. Der Männerchor, der in seinen Reihen die einfachen Leute und die
Handwerker versammelt, und die Liedertafel, die die
Honorationen und die industriellen Fortschrittsträger
repräsentiert, ringen um die Vormachtstellung im
Gesellschaftsleben der Kleinstadt.
Kurz nach der Jahrhundertwende trifft Kilian Zierleber
in das Städtchen ein. Kilian, ein lebenslustiger,
junger Mann, der den von seinem Onkel vererbten
Spezerei-Laden übernommen hat, verstrickt sich sogleich
im Netz der unzähligen ungeschriebenen Regeln der in
sich und nach aussen hin klar abgegrenzten Gesellschaft.

1.

Da Kilian über eine klangvolle Tenorstimme verfügt,
möchten ihn beide Vereine anwerben. Von seinem Stand
als Spezierer her und dank der Beziehung zu Dolosea,
der Tochter des verstorbenen Posthalters Stark, würde
Kilian in die Reihen des Männerchors gehören. Doch
zuerst will er erfahren, was die Liedertafel für ihn
bereit hält. Kilian verfällt den Lockungen des ge-
hobenen Lebensstandards der Liedertafel und wirbt
um Laura, die Schwester des Zahnarzts Schnell, die
ihn durch ihr modernes, "emanzipiertes" Gehabe anzieht.

2.

Berauscht durch den schnellen gesellschaftlichen Auf-
stieg - die Aufnahme in die Liedertafel und den Wechsel
vom einfachen Spezierer zum Händler "en gros et en detail"
vernachlässigt Kilian das Geschäftliche, verkauft teuere
Luxus-Waren auf Kredit und gerät schliesslich in Zahlungs-
schwierigkeiten gegenüber den Lieferanten, da es ihm an
Bargeld mangelt. Wie leichtsinnig er geschäftlich waltet,
so enttäuscht er auch Dolosea Stark, seine erste Liebe
im Städtchen.

3.

Kilian, jetzt eine verkrachte Existenz, wird bei der
Liedertafel nur noch geduldet, weil man mit seiner
Tenorstimme für das kommende Bezirksgesangfest rechnet.
Aber Kilian erkältet sich nach einer aus Verzweifelung
durchzechte Nacht, meidet die Proben der Liedertafel
und am Gesangsfest übt er dann Rache: seine heisere
Stimme liefert die Liedertafel dem allgemeinen Spott
aus. Noch am gleichen Abend verlässt Kilian das Städtchen, um anderswo das Glück zu suchen. Das, was noch
aus seinem Laden und Besitz übrig geblieben ist, das
hinterlässt er Dolosea, die ein Kind von ihm geboren
hat.

Dass mich das Thema angezogen hat und ich eine gewisse Schwäche für das behäbige Leben der Schweizer hatte, die Städte wie Bern, Murten oder Burgdorf in ihren historischen, geschäftlich-gesellschaftlichen Strukturen bewunderte, mag einem einleuchten in Opposition zu der «realsozialistischen» Struktur, aus der ich herkam. Da gab es keine Spezereien, Handwerksbetriebe oder privaten Wirtschaften mehr: alles enteignet, verstaatlicht oder in anonyme Genossenschaften umgewandelt.

Für die Verfilmung hatte ich die Stadt Murten vorgesehen, die hinter ihren Mauern so schön einen eigenständigen Mikrokosmos darstellte. Die Spezerei und die Posthalterei lagen im städtischen Aussenring, mit Aussicht auf den Murtensee, und weiter in die weite Welt hinaus. Hier ist die Zeit stillgestanden, die Epoche, die Cécile Lauber so farbig und mit Humor zum Leben bringt - wäre es mir gelungen ihrem Werk gerecht zu werden? Dafür gibt es keine Antwort, doch eines ist für mich klar: während der Arbeiten am Exposé und dem Treatment tauchte ich in die Schweizer «Seelenlandschaft» ein und sog einiges ein, das mich schliesslich nicht nur zu einem Papierschweizer werden liess.

Ich frage mich allerdings, warum die Novelle nie in der Schweiz selbst erschienen ist und in den gesammelten Werken von Cécile Lauber fehlt. War das Buch als zu «kritisch» eingestuft? Männerchor gegen Liedertafel aufwieglerisch? Grosszügigkeit gegen Kleinmutigkeit sträflich? Eine zu bissige Gesellschaftssatire?... Und «der Fremde»? Der Fremde bleibt ein Fremder, ob zuhause oder in der Fremde. Das folgende Zitat habe ich bereits im BAND I von AUF DEN HUND GEKOMMEN... verwendet, hier wiederhole ich es als Schlusspunkt meiner Betrachtungen zum „Gastspiel" im Gastland Schweiz: Mit "Die Unwissenheit" schliesst Kundera einen Kreis, meint Lüdke: "Er ist von der Heimat in die Fremde gegangen und zurück in die Heimat, um doch nur endgültig in der Fremde anzukommen" (perlentaucher.de).

Follies à la Paul Auster
- Torheiten aka Narreteien

Paul Auster ist einer der Schriftsteller bei dem
ich nach der Lektüre das Gefühl habe, ich könnte
ihm wann auch immer wie einem Freund anrufen
- wie J.D. Salinger einmal meinte (siehe unten).
Ich bin stolz darauf sein Buch «Das rote
Notizbuch», 1995, zu besitzen, welches der
Verleger seltsamerweise in Grün gestalten liess,

aber das hat hier soweit keine weitere Bedeutung. Das «grüne» Rote Notizbuch brachte ich in die Kaffeebar der Buchhandlung Akademia in Prag mit, wo Paul Auster eine Autogramstunde hielt:

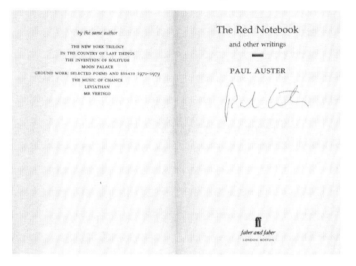

In einer der Koinzidenz-Geschichten spricht er von lustigen Zufällen, wie demjenigen auf dem Namensschild des irischen Anwaltsbüros „Phibbs&Argue" in der Stadt Sligo, was ein ungewollt komisches Wortspiel ergibt. "Phibbs" spricht man aus wie "fibs", was "Lügen" heisst, also zusammen ergeben die zwei Namen einen Firmennamen, der als „Lügen und Argumente" übersetzt werden kann.

Mein Beispiel einer solchen Koinzidenz wäre das Anwaltsbüro „Stierli & Tüchli" in Zürich an der Nüschelerstrasse, in der Nähe vom Filmpodium, damals noch Kino «Studio 4». „Stierli & Tüchli". Man liest die zwei diminutiven Worte auf dem Eingangsschild und sieht sich gleich mitten in einer Corrida.

In seinem Notizbuch klärt uns der Autor auch über einige irrtümliche Telefonanrufe auf, die ihn aber schliesslich dazu bringen, ein Buch zu schreiben: «City Of Glass». Es ist für Paul Auster bezeichnend, dass sich bei ihm Wirklichkeit und Fiktion vermischen, oft ausgelöst durch irgendwelche merkwürdige Zufälle.

Schon immer hatte ich ebenfalls eine Schwäche für solche Zufallsvorkommnisse, und vor einigen Jahren konnte ich 38 von diesen Koinzidenzen herausgeben: «Rien Ne Va Plus - One Life's Coincidences», siehe Anhang; inzwischen hätte ich weitere 38 vorrätig (Die amerikanische Roulette hat eine Null, eine Zahl mehr als die europäische mit 37.) Nun, ich will mich keineswegs mit Paul Auster messen, aber es verbindet uns noch eine Idee: Torheiten zu sammeln, die im Englischen mit follies übersetzt werden. Paul Auster schildert seine Sammelsucht der alltäglichen Torheiten in seinem Buch «Brooklyn Follies», das einfältig als «Brooklyn

Revue» ins Deutsche übersetzt worden ist (wohl in Anlehnung an «Folies Bergère»): Er will alle komischen, dummen oder sonst auffälligen Begebenheiten und Peinlichkeiten in einer einfachen Sprache einfangen und diese laufend in eine Kartonschachtel deponieren, die er als «Das Buch der menschlichen Torheiten» anschreibt, das Buch der «follies». Aber eben, was dann? Wie verarbeiten? In ihrem Buch „Bluets", das gerade unter diesem Titel auch auf Deutsch erschienen ist, reiht Maggie Nelson ihre Beobachtungen und Erlebnisse mit dem Farbton Blau ganz simpel aneinander, nummeriert. Es vermag den Leser zu fesseln, taucht ihn in ihre blaue Welt ein, nimmt ihn auf eine Entdeckungsreise mit, die vom Banalen wie Mystischen handelt; zuvorderst von Liebe, vom Herzen und anderen Organen. Der Verlust einer geliebten Person fühle sich an, wie wenn du einen wunderschönen Vogel umbringst, der sich nicht weniger als dein Herz zur Bleibe erwählt hatte. Oder sie geht mit ihren Herz-Metaphern so weit, dass sie das Pulsieren von Vulva während der Sehnsucht nach Intercourse mit nichts anderem als des Herzens Saugen und Ejakulieren vergleicht.

Es braucht immer eine gute Dramaturgie, um so lose Ereignisse zu verbinden, und Paul Auster tut es auf seine einzigartige Art und Weise. Wir als Leser haben recht viel zu tun, um von einer «folly» zur anderen zu springen, die er in Ich-Form in konkrete Situationen des Brooklynschen Alltags, und geographisch noch darüber hinaus, einwebt. Wie in einem Panoptikum lernen wir Menschen kennen, verletzlich in ihrem persönlichen Geflecht verschiedenster Lebensphasen, Konflikten oder kleinen Freuden. Und das alles durch Zufälle verursacht… Warum ist mir Paul Auster seit Jahrzehnten so lieb? So wie Lorrie Moore oder Julian Barnes und einige mehr: man spürt, sie haben das Wesen Mensch gern, egal ob weiblich oder männlich. Ihre Figuren, auch die negativen, die Besessenen oder sonst aus der Bahn geworfenen, geniessen ihre Empathie.

Ich habe keine solche Schachtel, ich habe einige Hefte und vor allem einen Mac-Ordner mit Notizen allgemeiner Art, aber auch Ordner betitelt wie «Zitate», «femme», «Good news versus bad luck», «Koinzidenzen, oder eben auch einfach «BSch», für «Bücherschrank» stehend…

Fangen wir mit dem «Bücherschrank» an. Hier finde ich Paul Austers Bücher auf Deutsch und beglücke damit Geerd im «Poetariat», zuletzt mit «Unsichtbar». Mit Austers Büchern, die ich gekauft habe, im Original, beschenke ich wiederum meinen Hausarzt. Überhaupt neige ich dazu, auch ungefragt Bücher weiterzureichen oder zumindest zu empfehlen wie z.B. am Bücherschrank einer unwissenden Frau Milan Kunderas „Unwissenheit" anzubieten, während ich das Buch gleich aus dem Regal herausnehme. Die Frau wundert sich ein bisschen darüber, aber sie nimmt es an sich. Wer will schon «unwissend» bleiben.

Oft komme ich eben am Bücherschrank ins Schwadronieren, es kommen mir Aphorismen in den Sinn wie «das Herz aufgeschlossen, die Seele freigelassen». Daraufhin frage ich mich, ob es einen Kunstfehler am Herzen geben kann? „Ein Behandlungsfehler liegt immer dann vor, wenn derjenige, der eine medizinische Behandlung erbracht hat, dabei nicht … die aktuellen fachlichen Standards eingehalten hat und Ihnen dadurch ein Gesundheitsschaden entstanden ist. Behandlungsfehler werden umgangssprachlich häufig als Kunstfehler bezeichnet, weil die ärztliche Behandlung nicht nach den Regeln der (ärztlichen) Kunst (lateinisch lege artis, englisch state of the art) erfolgt ist." Ich denke da an die Krankenpflegerin, die meine Hand sanft streichelte, während sie mich mit einer Spritze «Dormicum» ins Koma beförderte, bevor ein Eingriff an meinem Herzen erfolgte. Ihre

menschliche Geste verwandelte die Kranken-
schwester in meinem Unterbewusstsein in einen
Koma-Engel, der bei mir, auch nachdem ich
erwacht war, weiter zu wirken vermochte, und
ich infolgedessen nur noch Augen für sie hatte,
d.h. sie mir das Herz gebrochen hat (ja, hat sie,
für immer):

My Small Private Pietà

Madonna's, angel's face
but no lifeless body
no Jesus on her lap

Her face I hold with
both my hands
yet not touching it

I knee down, put
my head on her lap
the eyes closed

Angel's hand comes
to rest on my head,
it quiets all fears

My angel is mine,
I stay on my knees –
relieved and in peace

My angel is mine,
an angel bringing death
I am free to leave

Für meinen aufklärerischen, unaufgeforderten Aktivismus am Bücherschrank wurde ich eines Tages sogar mit einer Banknote belohnt, die wohl als Buchzeichen dem Leser gelegen kam: zwanzig Schekel im „Tabu" von Ferdinand von Schirach eingelegt.

Ein Zufallsfund wie „Convenience Store Woman" von Sayaka Murata, 2016, belohnt ebenfalls, sei es bloss mit einem Satz, der einen nicht mehr loslässt, denn Dystopie schwingt mit:
"The Sensation that the world is slowly dying feels good. The view is unchanged since that day I first happened on the store. Early in the morning there are no living creatures in sight other than occasionally suit clad salaryman rushing past."

Sophie Rios, die österreichische Schauspielerin, brachte ihre Zweifel an unsere Aussichten so zum Ausdruck: "Wir kommen immer mehr ins Zeitalter der Vampire. Es geht nur darum, möglichst lange zu leben. Und das erinnert an Untote. Angesichts der erschreckenden Möglichkeiten der Medizin sieht man sich in so einer Zukunft, wo man ewig herumschleicht."

Dieser Prognose ist jedenfalls der russische Dissident Michail J. Makarenko entgangen, der mit 75 Jahren auf einer Autobahnraststätte in New Jersey mit einem Stein von einem Irren erschlagen worden ist - Wirklichkeit oder Fiktion? Dieses Ereignis könnte man als einen Ausgangspunkt für eine Geschichte aus Paul Austers Feder nehmen. Sie ist jedoch einer konkreten Zeitungsnachricht entnommen und führt uns in das wahrlich ereignis- und leidensreiche Leben von Michail J. Makarenko, an dessen tragischem, sinnlosem Tod ein gewisser Brian K. White, 26, aus Humble, Texas, schuld war, bloss weil Makarenko es abgelehnt hatte von ihm eine CD mit religiösem Inhalt zu kaufen. Gott hätte ihm befohlen, den kaufunwilligen, widerspenstigen Mann zu erschlagen, stand in der Zeitung; Brian K. White wurde infolgedessen als psychisch Kranker lebenslänglich verwahrt.

Bevor Makarenko in die USA übergesiedelt war, lebte er einige Jahre in Deutschland und dort ist das noch in der UdSSR als Samizdat erschienene Buch „Aus meinem Leben" ins Deutsche übersetzt worden (Ullstein, 1981):

MICHAIL MAKARENKO wurde am 4. Mai 1931 im rumänischen Galatz geboren. Von Judenpogromen einge-schüchtert, floh er 1939 in die Sowjetunion. Als Zehnjähriger kämpfte er an der Front und wurde mit einem sowjetischen Orden ausgezeichnet. 1948 stellte er ein Gesuch auf Ausreise zu seinen Eltern. Danach war er im ganzen Land Verfolgungen ausgesetzt. 1951 zog man ihn zum Wehrdienst im Fernen Osten, China und Korea ein. Später arbeitete er in Leningrad als Restaurator in der Eremitage und legte eine einzigartige Kunstsammlung an. 1965 übernahm er die Leitung einer Gemäldegalerie in Nowosibirsk. Nach zahlreichen Zusammenstößen mit der Partei wurde er 1969 zu acht Jahren Lagerhaft verurteilt. 1978 durfte er in den Westen ausreisen. Er lebt heute als freier Publizist in München.

„Aus meinem Leben", Samizdat-Ausgabe 1974

Darin blätternd, finde ich einige Textpassagen, die bis heute ihre Aktualität in Bezug auf Russland nicht verloren haben: „Doch es ist schwer, unsere politische Polizei in Verlegenheit zu bringen. Sie versteht es, nicht rot zu werden. Im moralischen Unterbau dieser Leute fehlt etwas ganz Wichtiges und Notwendiges völlig, eben das, was den Menschen zum Menschen macht."

Gewichtig ist auch diese Feststellung: „Denn der Staat selbst besitzt, wie sich gezeigt hat, weder Gedächtnis noch Scham noch Gewissen noch - sprechen wir es ruhig aus - Ehrgefühl. Ich nutze die Gelegenheit, sein Gedächtnis aufzufrischen und ihn mit meinen Erinnerungen zu brandmarken."

Michail J. Makarenko ist nicht wenig berufen, diese Aussage zu machen, nachdem über ihn mehr als „9000 Seiten geheimer Dokumente" angelegt worden waren und er für ‚antikommunistische' Aktivität mit insgesamt 11 Jahren in sowjetischen Gulags bestraft wurde: für die Organisation eines Streiks in einer Fabrik wurde er nicht nur mit dem Straflager bestraft, sondern er büsste auch seine Wohnung, seine elterlichen Rechte und sein Studium an der Moskauer Universität ein. 1965, nach den drei Jahren im Gulag, zeigte er in einer Kunstgalerie Werke verbannter Künstler. Die Galerie wurde geschlossen, gerade eine Woche vor der Eröffnung einer Ausstellung mit den Werken Marc Chagalls. Schliesslich wurde er von der KGB vor die ultimative Wahl gestellt, das Land zu verlassen oder liquidiert zu werden. Makarenko zog es vor zu gehen, vorausgesetzt, er könne seine Tochter und ihre Familie mitnehmen. Seine zwei weiteren erwachsenen Kinder leben in der UdSSR. Soviel stand im Bericht der pennsylvanischen Zeitung: „A senseless attack ended dissident's life", March 17, 2007, phillynews

Aus Makarenkos Autobiographie habe ich mir den letzten Satz zu Herzen genommen. Er kommt mir als Zusammenfassung einer Lebenserfahrung nicht wenig bekannt vor: „Ich aber habe mir so schöne Luftschlösser gebaut, dass ich mühelos auch in ihren Ruinen leben kann."

15. Dezember 1970

Wirklichkeit oder Fiktion Herr Auster? Leider Wirklichkeit, obwohl diese Geschichte von Ihnen stammen könnte, wie es mich dünkt. Des Pudels Kern ist jedoch meine zufällige Bekanntschaft mit der Russisch-Deutsch Übersetzerin Annelore Nitschke (dessen Übersetzung von Wassilli Grossmanns „Leben und Schicksal" ich gerade im Offenen Bücherschrank vorgefunden habe.).

Ich drehte ein Unternehmensportrait, das ausschliesslich in der BRD spielte, und so wurden auch die Laborarbeiten dort abgewickelt. Ich durfte in München die erste Vorführkopie abholen und selbst zum Auftraggeber bringen und zeigen. Die Arbeit kam gut an, in guter Stimmung fuhr ich zurück nach Zürich, meinem Produzenten Bericht zu erstatten; ich war mir sicher, es war nicht mein erster - und gleich der letzte Film.

Aber vorher, noch am Abend vor dem Abholen der ersten Filmrolle in München, kam es zu einer unerwarteten Begegnung, die schliesslich zu einer langjährigen Freundschaft führte. Mit Annelore lernten wir uns in einem Studio-Kino kennen, in dem ein Film mit und von Wassili Schukschin lief, der "Roter Holunder" ("Kalina Krasnaja"). Als die Vorstellung zu Ende war, die wenigen Zuschauer still, nachdenklich hinausgingen, blieb ich im Foyer kurz stehen und schaute mich um. Ich fing den Blick einer zierlichen, blonden Frau mit feinen Gesichtszügen auf, die mir bereits im Saal aufgefallen war. Ich sprach sie an, ob sie vielleicht gerne über den Film sprechen möchte...

Lieber Jirka,
Erlauben Sie, dass ich Sie so anrede. Erinnern Sie sich an unser Gespräch nach "Kalina Krasnaja" in dem

menschenleeren Café? Manchmal sind Zufälle gar nicht so zufällig, und vielleicht ist es in diesem Fall auch so.
Ich betreue seit ein paar Monaten einen recht bekannten russischen Dissidenten bei seiner Odyssee durch die deutsche Bürokratie. Es ist Michail J. Makarenko, der von 1969-77 in Gefängnissen und Lagern für politische Häftlinge gesessen hat und nach seiner Freilassung bis zur Ausreise in Moskau im Untergrund gelebt hat. Was M. mit Ihnen zu tun hat? In diesem letzten Jahr in Russland hat M. einen Film als Laie über eine Dissidentenaktion gedreht, die vorläufig noch nicht bekannt ist und bis zum 5. September 1979 auch noch nicht bekannt werden soll.

Dieser Brief hatte mich einige Monate nach der Begegnung mit Annelore erreicht, und ich folgte ihrer Bitte, Michail Makarenko mit seinem Filmmaterial zu helfen. Das deutsche Fernsehen war sehr interessiert, er jedoch wollte volle Kontrolle behalten. Könnte ich da aushelfen? Ich fuhr nach München, wir besprachen das Projekt, wir tranken Wodka und assen Gurken, aber an dem Dokfilm konnte ich leider nicht mitarbeiten. Ja, ich war inzwischen ein Filmemacher, ja, ich konnte Auftragsfilme drehen, aber ich hatte kein berufliches Umfeld, in München noch weniger als in Zürich. Das war der grosse Nachteil meines Filmstudiums in den USA. Ich hatte hier keine Kommilitonen, weder in Zürich noch in

München oder Berlin, keine Kollegen in der Branche, niemanden in den TV-Redaktionen.

Ich genoss aber, die Bekanntschaft mit Michail Makarenko gemacht zu haben und schätzte es sehr, seine Autobiographie lesen zu können, damals noch auf Russisch. Doch es wurde für Annelore zunehmend anstrengend, Makarenko beizustehen. Drei Jahre später, als er in die USA übersiedelt hatte, schrieb sie: *Meinen Idealismus hat der gute Makarenko stark abgenützt. Auch so eine Erfahrung.*

Unser Briefwechsel ging in Emails über und dauert an: *Ich erinnere mich noch gut an unser Projekt, aus den unergiebigen Filmaufnahmen von Michail Makarenko eine Art Trailer zu machen. Das ist fast 40 Jahre her. Die Welt sieht heute ganz anders aus als damals. Wir haben viele Illusionen eingebüßt. Schleichend nehmen wir es hin, dass unser Leben als Bürger und Verbraucher, unsichtbar für uns selbst, durchsichtig geworden ist. Gab es da nicht mal einen Kampf für Meinungsfreiheit?*

Später erfahren wir eben die Nachricht von Makarenkos tragischem Tod, erschlagen auf der Autobahnraststätte in New Jersey.

Erinnern wir uns: „Ich aber habe mir so schöne Luftschlösser gebaut, dass ich mühelos auch in ihren Ruinen leben kann." Meine Trümmer, das sind meine eigenen Filmprojekte, die zwar recherchiert, geschrieben und den möglichen Geldgeber-, Stiftungen- resp. Filmförderungskommissionen vorgelegt worden waren, aber schliesslich nicht realisiert wurden, keine Gnade fanden.

Aber was bleibt bis heute, ist "die subtile Verbundenheit" mit Annelore, wie sie es selbst zum Ausdruck bringt, nachdem ich ihr die zufällig entdeckte DVD mit dem "Roten Holunder" geschickt hatte:

Lieber Jirka,
ganz herzlichen Dank für Deine lieben Zeilen und die Erinnerung an unsere Begegnung. An diese merkwürdige Begebenheit denke ich immer wieder gerne. Es ist eine sehr subtile Verbundenheit daraus entstanden, wie ich sie sonst nicht kenne.

Wirklichkeit oder Fiktion? Ist der recht gesellschaftskritische Film "Roter Holunder", 1974, von Wassilli Schukschin, den er in Personalunion geschrieben, die Hauptrolle gespielt und die Regie geführt hatte, autobiografisch oder eine Fiktion? Im Endeffekt spielt es keine Rolle, der Film hat etwas recht Kritisches zu erzählen, und es fragt sich bloss, wie sich zwei dermassen verschiedene Schicksale zur gleichen Zeit in der Breschnewschen UdSSR abspielen konnten: die Grenze zwischen Gulag und der künstlerischen Freiheit war sehr schmal.

Im Offenen Bücherschrank tauchen immer öfters Film-DVDs auf, von Märchen über Kriegsfilme wie «Man Down» bis zu Erotika wie «Lie With Me». Und ab und zu eine «Trouvaille» wie der isländische Film «NÓI», ein Film wie aus einer anderen Welt. Als es zu Ende geht, liegt der Handlungsort, ein ganzes Dorf, verschüttet nach einem Landrutsch. Niemand überlebt, abgesehen von der Hauptfigur, einem jungen Sonderling, der in einem unterirdischen Versteck seinen Lebenstraum, einmal auf Hawaii die Palmen und die Wellen des Ozeans zu erleben, mit Bildprojektionen nährt.

Den Kriegsfilm «Man Down» habe ich ebenfalls mitgenommen, nichts von ihm im Voraus gewusst, und um so mehr hat er mich berührt. Es ist eigentlich eine Vater-Sohn-Geschichte, die sich in dem posttraumatischen Wahn des Vaters abspielt, der als Veteran des Irak-Kriegs psychisch nicht unverletzt davonkam. Es mag ein Zufall gewesen sein, dass der Film gerade jetzt auf mich gewartet hat, denn mein Sohn, jetzt 27 Jahre alt, denkt ernsthaft daran, sich der Internationalen Brigade anzuschliessen und für die Ukraine kämpfen zu gehen. (Als einem Schweizer, der dienstpflichtig ist, drohen ihm drei Jahre Gefängnisstrafe - vorausgesetzt er kommt heil zurück.)

Es ist sehr merkwürdig, dass bei den besten Kriegsfilmen eine Frau Regie führte: Kathryn Bigelow bei «The Hurt Locker" (2008) und bei «Zero Dark Thirty" (2012).

Bei meinem Schicksalsmedium angekommen, möchte ich es mir nicht verwehren, einige meiner Lieblingsfilme anzuführen, die in der BBC-Liste der 100 besten Filme unseres 21. Jahrhunderts aufgelistet sind:

90. The Pianist (Roman Polanski, 2002)
86. Far From Heaven (Todd Haynes, 2002)

84. Her (Spike Jonze, 2013)
75. Inherent Vice (Paul T. Anderson, 2014)
67. The Hurt Locker (Kathryn Bigelow, 2008)
64. The Great Beauty (Paolo Sorrentino, 2013)
57. Zero Dark Thirty (Kathryn Bigelow, 2012)
55. Ida (Paweł Pawlikowski, 2013)
7. The Tree of Life (Terrence Malick, 2011)
3. There Will Be Blood (Paul T. Anderson, 2007)

Der Film Chernobyl, 2019, überbietet die oben erwähnten Spitzenwerke alle, und nicht nur dank seiner Bildsprache, aber besonders durch die Tonspur von Hildur Guðnadóttir.

Haben diese Filme etwas Gemeinsames, abgesehen vom filmischen Spitzenhandwerk? Obwohl die Hauptfiguren der Filme eine unwahrscheinliche Überlebensenergie aufbringen, um ihre Lebenssituationen durchzustehen, „au second plan" lauert Verunsicherung, Dystopie, Ghosting… Ist die Welt wirklich daran, sich aufzulösen, sich zu dekonstruieren?

Was versteht man eigentlich unter Ghosting? Unter dem Begriff Ghosting („Vergeisterung") geht es um einen vollständigen Kontakt-, Beziehungs- und Kommunikationsabbruch ohne Ankündigung. Mann oder Frau werden virtuell begraben, aber ohne Grabstein, sie selbst lassen keine Todesanzeige schalten. Soll man es für sie in? Sie wären dann in bester Gesellschaft von erdienten Industriekapitänen, Gelehrten und Kunstgrössen. Und manchmal schlüpft da einer dazwischen, den hier anzutreffen man gewiss nicht erwarten würde:

Louis Pinto, Reinigungsfachmann
aufgegeben von SBB (NZZ, 15.10.2019)

In der NZZ stiess ich auch auf eine etwas irreführende Beschreibung einer möglichen Todesgefahr: **„Durch die Sprengung wurde die Fliegerbombe erfolgreich entschärft.“** Der Satz stammt aus der folgenden Nachricht (NZZ, 18.2.2019): «Im Süden von Nürnberg ist am Montagvormittag ein Blindgänger aus dem Zweiten Weltkrieg gefunden worden. Dieser wurde kurz nach 23 Uhr gesprengt. Durch die Sprengung wurde die Fliegerbombe erfolgreich entschärft.»

Eine Entschärfung einer Sprengung gleichzusetzen, das irritiert mich zumindest. Es steht bildhaft dafür, dass die Menschheit wohl etwas entschärfen möchte (Klima, Krieg, Hungersnot) und dabei den Planeten sprengt, das Leben hier auslöscht.

In einem Panikzustand oder in Hilflosigkeit vor den Fehlern unserer westlichen Zivilisation finden sich immer mehr Leute an den Rand der Gesellschaft gedrängt, sie werden zu «lost souls». Mein polnischer Freund in Kalifornien klagt, dass er "was born too early and too late, in a wrong place, to wrong parents." (Lemberg aka Lviv, 1941 (welch ein Zufall da, sic.). 1965 kam er in die USA und brachte es mit seiner Familie und ihren zwei Kindern zu einem kleinen Eigenheim in Berkeley. Nachdem er nach 35 Jahren zum ersten Mal nach Warschau, seine Heimatstadt, aufgebrochen war, fiel alles auseinander. Er kehrte zurück, unglücklich verliebt in seine Warschauer Jugendliebe (nach 35 Jahren!). Er schrieb mir, wie er am Ufer der Berkeley-Bucht sitzt, zum Pazifik hinausblickt, und sich wundert, wie ihm das alles gestohlen sein könne, während Tausende Migranten aus allen Ecken der Welt davon träumen, da zu sein, wo er ist.

"... I guess you can't go home again, as Thomas Wolfe says." Genau, man sollte so einen Zufall gar nicht herausfordern. Mir ist es gleich gegangen (ohne mich da zu verlieben).

Für meinen Teil habe ich mal - per Zufall - einen passenden Zufluchtsort gefunden, am Ende einer Sackgasse aka Dead End namens Bohemia Lane im Staate New York. Bohemia als Begriff mag bedeuten Böhmen, das Land der Krone

Böhmens und Mährens (seit 1198), das leider nur noch unter dem Namen „Tschechien" existiert. Es könnte aber auch als Bezeichnung eines fiktiven Landes der Bohemians angesehen werden. Wohnen hier die weltweit verlorenen Seelen aus Böhmen? In einer Kommune? Lauter Bohemians aka bohémiens?

Ein Bohemian kann eben ein Künstler sein, ein Heimatloser oder – nach Langenscheidt - ein „verbummeltes Genie".

Bohemia Lane, Elmira, NY

Ein Bohemian kann aber auch ein Roma aka Zigeuner aka un gitan sein. Und ich frage mich nun, ob die filmberühmten „GITANES" noch zu kaufen sind…

Ein Böhme, ein Prager, ein Bohemian dazu, der es, wie mein polnischer Freund, wagte zurückzukehren, geht während des Festivals des deutschen Theaters in das Ständetheater (eröffnet 1783); er, ein Musiker im Alter anfangs 80, erlangt eine letzte günstige Eintrittskarte für einen Stehplatz auf der Galerie. So weit weg von der Bühne hört er kaum etwas, und die projizierten Titel auf Tschechisch, die über der Bühne leuchten, vermag er nicht zu lesen, weil sein Katarakt operiert werden sollte.

Kenneth Millar aka Ross Mcdonald

Lasst uns weiter mäandern im und um den
Bücherschrank. In jedem seiner Schätze, den
Büchern, verbirgt sich irgendeine Weisheit, ein
Aphorismus, eine Glosse oder eine Metapher, die
einer geistigen Erleuchtung gleich zitierfähig ist.
Um was geht es bei der Literatur? Haruki
Murakami, mein Jahrgang, 1949, sagt an einer

Stelle "I'm writing ferry tales for the adults. Everyone wants to believe in the power of love. And believe in pain. You don't experience that in reality just like that. But if you read a story then suddenly you believe that it might happen to you, really. To yourself."   9.1.2014 DIE ZEIT

Der Verlag von Urs Widmers Buch „Liebesbrief für Mary" warnt die potenziellen Leser davor, dass es zum Teil auf Englisch geschrieben ist. „Mary, gebürtige Irin, wohnhaft in Zürich, ist eine lange Latte mit einer durchsichtigen Haut, ein paar Sommersprossen, blauen Augen, blonden Haaren. Zwei Verehrer hat sie in Zürich: einen Schriftsteller und Ich-Erzähler sowie seinen Freund Helmut, Briefschreiber und ebenfalls Schriftsteller - und doch landet sie bei einem Tankwart im fernen Australien…" Nun, ich nehme mir jetzt die gleiche Freiheit, hier gewisse Passagen in der Originalsprache zu belassen, nämlich auf Englisch. Zunächst möchte ich aber noch ein weiteres Zitat voranstellen: "I saw that, in spite our different intellectual capacities, He and I did have some things in common: our desire to make the most of our lives and every opportunity presented to us, and our deep appreciation of female beauty." Das notiert der englische Schauspieler Michael Caine in seiner Autobiographie. Er und Stephen Hawking würdigen beide die weibliche Schönheit, obwohl ihr intellektuelles Vermögen so unterschiedlich ist. Ja, meines ist ganz gewiss nicht auf ihren intellektuellen Höhen, aber die „appreciation of female beauty" will ich trotzdem mit ihnen teilen. Dementsprechend mache ich hier weiter mit einigen Beispielen der Gefühlsirrungen, die es zwischen Mann und Frau geben kann, bis wir zu Ross Mcdonald selbst gelangen:

"Her body lay away from me in the seat like a mysterious country I had dreamed of all my life."
MEET ME AT THE MORGUE

Ross Mcdonald? Wie bereits vorangehend erwähnt, Ross McDonalds „The Chill" stand kürzlich im Regal des Offenen Bücherschranks, die Ausgabe ganz neu, die Seiten gar nicht aufgebrochen, obwohl bereits 1963 erschienen. Aber ich habe ein Taschenbuch aus dem Jahr 1950, das unter seinem eigenen Namen Kenneth Millar erschien: „Trouble Follows Me".

Als ich nach siebzehn Jahren in ein Loch fiel und lernen musste, allein zu leben, las ich nach der Trennung ununterbrochen alle Bücher von Ross Mcdonald und zwar drei Mal nacheinander. Ich war gefesselt von seinen Krimis, wanderte mit Lew Archer, dem Privatdetektiv, dem „gum shoe", ursprünglich Polizist im Revier Long Beach, durch San Pedro, Los Angeles, Santa Barbara, San Francisco oder auch durch Las Vegas oder Tijuana in Mexico. Lew Archers Abenteuer lenkten mich ab, und vor allem seine Zuneigung den Frauen gegenüber waren ein Surrogat meiner Gefühle, die zu stillen sie vermochten.

Ross Mcdonald ist ein Nachfolger von den „Noir"-Krimiautoren wie Raymond Chandler oder Dashiel Hammett. Er hiess ursprünglich Kenneth Millar, aber nachdem er Margaret Sturm geheiratet hatte und sie schon unter ihrem neuen, angeheirateten Namen Millar ein Buch veröffentlicht hatte, verzichtete er auf seinen eigenen Familiennamen zu ihren Gunsten.

Ich ziehe Lew Archer einem Marlowe vor. Er geht in seinen Betrachtungen der kriminellen Energien tiefer, und seine Schwäche und Bewunderung für das Weibliche ist unterschwellig stets präsent - wie das Zitat da oben und die weiteren da unten illustrieren. In der Wikipedia heisst es, dass er als einer der ersten Krimiautoren die Gedanken der Psychoanalysen anwendete.

Ross Macdonald starb 1983 mit 67 Jahren an der Alzheimer-Krankheit. Als er verschied, war er Amerikas bekanntester Krimiautor. Er galt als

Vielschreiber, innerhalb von 30 Jahren verfasste er 24 Romane, den letzten unter dem Titel „The Blue Hammer". Gerade aus diesem Roman, den er mit seinen reifen 61 Jahren schrieb, habe ich mir mehrere Perlen herausnotiert, die ich hier lose übersetzt wiedergebe:

Sie schien ruhig zu sein, aber innen aktiv, während sie ihr Gesicht aus dem Inneren umgestaltete.

Sie hatte eine Aura einer grimmig verlorenen Sexualität.

In die opakschwarzen Augen Paolas schauend, dachte ich, dass eine Trauer, die man mit den Frauen teilte, immer teilweise auch aus einem Verlangen bestand. Zumindest manchmal konntest du mit ihnen ins Bett und zeitweilig eine Liebenswürdigkeit teilen, die den Priestern verwehrt blieb.

Soweit ich wusste, hat sie seitdem wir zusammen waren mit niemandem sonst geschlafen. Die Erinnerung traf mich wie ein Pfeil, der seither in der Luft hängen blieb.

Betty schlief an meiner Schulter. Die Kombination der schnellen Fahrt zusammen mit der schlafenden Frau wirkte wie eine Quelle der

Jugend, wie wenn mein Leben doch noch einen Neuanfang haben sollte.

Viel später, dank der aufkommenden Kühle der Morgendämmerung, erwachte ich in einem dunklen Bett auf. Ich spürte Bettys Herz und hörte ihren Atem wie ein Rauschen des Ozeans im Sommer.

Ich lag da wach und beobachtete ihr Antlitz, das langsam aus der Dämmerung aufzutauchen begann. Nach einer Weile konnte ich den steten, blauen Puls auf ihrer Schläfe, das Schlagen des stillen Hammers sehen, das darauf hindeutete, dass sie am Leben war. In mir keimte die Hoffnung, der blaue Hammer würde nie aufhören zu schlagen.

THE BLUE HAMMER

Der blaue Hammer mochte wohl nicht aufhören zu schlagen, aber im Alzheimer des Autors ging er verloren - oder vielleicht auch nicht. Das ist ein Beispiel eines Diskurses zwischen dem Leser und dem schon aus dem Leben geschiedenen Autor. Es war J.D.Salinger, der einmal schrieb, dass, wenn man ein starkes Buch zu Ende gelesen hat, in einem das Gefühl aufkommt, wie wenn man mit dem Autor befreundet wäre und man ihm, wann auch immer, telefonieren könnte. Diese Art einer persönlichen

Bereicherung durch das geschriebene Wort ist, nebst der Musik, wohl die grösste humanistische Errungenschaft.

Genug jetzt. Das Thema möchte ich mit drei weiteren Zitaten beschliessen, für die ich im Text leider keine passende Stelle fand:

"Ein Erotiker, Julia, ist nämlich das Gegenteil des Fauns, des Sammlers, des Mannes, der mehr Geltungstrieb als Trieb besitzt. Sein ganzer sinnlicher Wille ist nicht auf Willkür und Freizügigkeit gerichtet, sondern ausschliesslich darauf, gefangengenommen zu werden. Ein Erotiker kann viel entbehren, aber hin und wieder muss er in den Sturm der Berührung geraten, in das ganz nahe einer vollkommen Fremden…"

Botho Strauss
"Die Nacht mit Alice, als Julia ums Haus schlich,
Hanser, 2003.

"I wondered if I was falling in love. I wondered if I was built exclusively to fall in love I worried. I worried, sometimes, that I was built more to fall in love than to be in love. But didn't everyone worry about that?"

Leslie Jamison, Make It Burn, 2019

Yes, this is what I worry about but that's it. I got to live with it, always falling in love, not only for women but at my age mainly for books.

Im Sog der Bücher

- Ein Anfang, ein Ende

Die Geschichten um und am Offenen Bücherschrank finden hier ein Ende, drei Bände sind es
geworden, unter dem Titel «Auf den Hund
gekommen…». Ich hätte noch mehr zu erzählen,
weitere Bücher erwähnen können und von
Personen schreiben, die ich kannte, mit denen ich
zu tun hatte. Zuletzt überraschte mich das „Im
Spiegel der Venus" von Andreas Vollenweider,
die Bücher von Guido Bachmann kommen mir in
den Sinn. Von den auf Englisch Schreibenden
stiess ich gleich auf drei Taschenbücher von der

jungen Rupi Kaur, einem Phänomen, das mir bisher unbekannt war, obwohl die Autorin auf der Bestsellerliste der New York Times zu stehen pflegt, auf Instagram inzwischen 4,5 Millionen «followers» hat, und mit ihren populären Gedichten auf Welttournee gehen kann... Stopp. Ein Ende habe ich ja angekündigt.

In diesem Schlusskapitel möchte ich versuchen, der werten Leserschaft zu erklären, worauf mein Interesse am Lesen zurückzuführen ist. Einen Anfang hatte es in der Zeit hinter dem «Eisernen Vorhang» genommen, in den Fünfziger- und Sechzigerjahren. Ich wuchs in Prag auf, und um mich herum hatte ich lauter Leseratten. Meine Mutter, meine Halbschwester, meine Tante und Onkel, meine Nachbarinnen, einige Mitschüler...
Die Zeitungen waren einfältige Boten des ideologischen Klassenkampfes, und so flüchtete sich das Volk in die Belletristik, die keinen «Eisernen Vorhang» kannte. Die Trams waren gerammelt voll, aber fast jeder hielt ein geöffnetes Buch, teils in akrobatischer Stellung; die Werke waren in einem Schutzumschlag aus Zeitungspapier eingehüllt, meistens im «Das Rote Recht», dem Parteisprachrohr im Weltformat[34] («Proletarier aller Länder vereinigt euch!»), damit man die eigentlichen Buchtitel nicht sehen konnte.

Das Zeitungspapier nahm öfters auch die Rolle des Toilettenpapiers ein, man stand dafür genauso an wie für die Bücher, das Brot, das Fleisch oder Gemüse - Mangelwirtschaft war der Oberbegriff dafür. Als einmal meine Mama von einer ihrer sehr seltenen Reisen von Bern nach Prag zurückkehrte, fasste sie ihren Eindruck mit folgenden Worten zusammen: *Kaum fuhren wir vom Flughafen los, Warteschlange für Brot, ein Stück weiter eine noch längere für Fleisch. In Prag Schmutz, Rauch. Nie schien mir die Stadt so schmutzig wie jetzt. Hier raucht fast alles. Bei Euch habe ich einen einzigen rauchenden Kamin gesehen. Es ist so schade, dass unser Prag so zu leiden hat unter diesem ewigen Qualm.*

Die Sätze «Hast Du mir was zu lesen?» oder «Es heisst, es soll demnächst das Buch von «XY» herauskommen», «Kann ich's nachher haben?», «Gehst Du hin am Donnerstag?...» Donnerstag? Das war der Wochentag an dem landesweit der Verkauf der Neuerscheinungen aller Verlage gleichzeitig los ging. Es bildeten sich bereits am Abend vorher Warteschlangen, die manchmal um ganze Wohnblocks gingen. Es gab mehrere Verlage, und die Auflagen waren oft beträchtlich hoch, wie beispielsweise «Das Recht zu Sterben» von Rex Stout, das bereits in der Erstauflage mit 118 000 Bänden herauskam. Rex Stout? Krimi? Es kam im Verlag «Mai» heraus, in der Reihe «Für die tschechische Jugend».

Gewerkschaftsverlag «PRÁCE» («ARBEIT») an einem Donnerstag
ČTK

War der Grund dafür, dass die Partei mit Geschichten aus dem dekadenten Westen die Jungen abschrecken wollte?... Es gelang so gewiss nicht, höchstens dass die Lust auf das Verbotene noch grösser wurde. Es gab ein literarisches Wochenblatt, das eine Auflage von über 200 000 Stück hatte, und trotzdem war diese Zeitung fast nur «unter der Theke» zu haben. Die Leute waren geübt, zwischen den Zeilen zu lesen, und was die Qualität des Lesestoffs anbetrifft, kann ich mein Titelverzeichnis hier zeigen, das ich mit etwa 15 Jahren zu führen angefangen hatte, zuerst auf einer uralten «Remington» getippt, und als der Platz auf dem A4-Blatt knapp wurde, von Hand: Da finden wir nicht nur Klassik wie Stendhal, Victor Hugo, Thomas Hardy oder Thomas Mann, aber auch Jack London, Robinson Jeffers, Albert Camus oder Ernest Hemingway... Es sind ebenfalls einige Theaterstücke darunter. Ja, Theatervorstellungen zu besuchen ging Hand in Hand mit dem Bücherlesen: Henrik Ibsen, Pirandello, Samuel Beckett, usw.; in Prag gab es über dreissig ständige Bühnen.

- Čtvrtý obratel - Marti Larni
  Staří a mladí - Luigi PIRANDELLO
o - Šťastný Jim - Kingsley Amis
- Dekameron - Giovani Boccacio
- Když nastaly deště - Luis Bromfield
x - Červ a my a černý - Stendhal
  Kartouza Parmská - " "
- Jih proti severu - Margaret Mitchel
- Tři kamarádi - Remarque
- Žízeň po životě - Irving Stone
o - Náš člověk v Havaně - G. Greene
- Mořský vlk - Jack London,
- ztracené iluze - Balzac,
  miláček - Maupassant
  bohové, hroby a učenci - C. W. Ceram
o - gul iverovy cesty - Jonathan Swift
  Fovatel ed - Valles
  Na větrné hůrce - Emily Bronte
- Dělníci moře - Victor Hugo
- Jan křtitel - Romain Roland
  Aurelian - Luis Aragon
  Bostromo - Joseph Conrad
  ráš ta potřebuje reklamu - d. sayers
- Život sira alexandra Fleminga -
  A. Maurios
  Putování za švestkovou vůní
  L. Aškenázy
  Nedlahý Juda - T. Hard y
- Křižáci na západě - B. Teym
- Urozaný divoch - J. a E Hanson
  Fronzová brána - T. Braza
- Vlk mezi vlky - h. Falada
- Jako zabít ptáčka - Harper Lee
  turbina-kard Čapek chod
- stohem a mádo - ernest hemingway,
  rodiše a děti - pavla Kytlicová
- brána vítězství - remarque -
  matka se vdává - martin sovová
  citová výchova - gust ave flaubert
  osada na předměstí - aluisio azevedo
- říše nu Úvěr - elsa triolatová
- bratranec pons - balzac
- na západní frontě klid - remarque
- študáci a kantoři - jaroslav žák
- otec kramsko - riot - balzac
  esesar bi rotesu - " "
  moderní hrdina luis bromfield
  večery na slamníku - jaromír Jonn
  z troské tání říše - m. chail kozakov
- Tři rekry - l. vančura
- křižáci - sienkiewicz
- kroniky vlády karla lv - prosper merimee
  Tichý american - graham greene
- alberto moravia - horalka
  zákon - roger vailland
  mauri or drua a- burziani
  Jeax abíts kurtis a-balzac
  ohnama mečom - sienkiewicz
  guy de maupassont - dědictví
- schiller - hry
- ibsen - hry farma xu
  edna ferberová - lof komedianti
- amado - mulatka gabriela

Meine Leseliste

Als ich zusammen mit meiner Freundin Lucie und ihrer Mutter in die Schweiz, nach Bern emigrierte, lag es nun an meiner Mama, die

Wohnungseinrichtung von Lucies Mutter zu liquidieren - rechtzeitig, bevor der Staat alles konfisziert haben würde, so wie es üblich geworden war, mit dem Eigentum der Emigranten zu verfahren. Im Zuge der Recherchen für mein Buch «Wozu all diese Briefe gut waren», stiess ich auf den Brief, in dem Lucies Mutter meiner Mama Instruktionen erteilte, was bei ihrer Wohnungsaufgabe wohin und wem zu geben war. Was meine Verwunderung erregte, waren die Wünsche, welche Bücher meine Mama ihr in die Schweiz schicken sollte, falls dies möglich wäre; erwähnt waren ausschliesslich russische Autoren wie Ilja Ehrenburg, Anton Pawlovitsch Tschechow oder Lew Nikolajewitsch Tolstoi ("Krieg und Frieden"). Ja, eine unfreiwillige Korrelation, die einer gewissen Absurdität nicht entbehrt: Man flieht vor den Russen und sehnt sich nach russischer Literatur.

Wir selbst hatten wenige Bücher zuhause, praktisch bloss diejenigen, die ich anzuhäufen begonnen hatte. Als mein Vater anfangs Fünfzigerjahre mehrmals wegen „Spionage"-Verdacht zum Verhör abgeholt wurde, brachten wir seine Bücher zu meinem Grossvater aufs Land, damit bei einer eventuellen Hausdurchsuchung der Staatssicherheitsdienst nicht auf ein Buch stossen würde, das eventuell auf dem «Index» stand, auf einer Liste, deren Inhalt niemand kannte, und so zu einer Anklage wegen Besitzes einer staatsfeindlichen Publikation führen konnte.

Zuhause blieb eine Sammlung mehrerer Jahrgänge der Vorkriegszeitschrift "Zdroj" (Die Quelle). In der Zeit vor dem Fernsehen, war sie wahrlich ein Guckloch in die Welt hinter dem Eisernen Vorhang, und vor allem in die Welt des kulturellen, humanistischen Erbes wie der Kunst, der Mythologie, der Philosophie oder der Religion.

Die Zeitschrift "Zdroj" (Die Quelle)

Die Artikel und die Abbildungen standen in direkter Opposition zum sozialistischen Realismus oder dem dialektischen Materialismus an

118

sich. Als ich in den Westen kam, da war mein grösstes Manko das fehlende humanistische Wissen in allen vier Bereichen:

Kunst... Es galt einzig der Stil des sozialistischen Realismus

Religion... Nicht direkt verboten, aber als "Opium des Volkes" diffamiert

Mythologie... Es galt einzig den Spartakus zu bewundern

Philosophie... Marxismus-Leninismus

Demokratie... Diktatur des Proletariats

Es gäbe noch das Kapitel Sport, wo alle Vereine nach sowjetischem Muster umbenannt wurden: Lokomotive, Traktor, Stadion, Banik, Dynamo; AC Sparta wurde zu Spartak, usw.

Mein allererstes Buch hiess «FERDA IM AMEISENHAUFEN» von Ondřej Sekora mit dem ich mich einzukuscheln pflegte, bevor ich später begann, es zu lesen. Ferda war ein gewitzter Lausbub, und er trug ein Halstuch mit einem rotweissen Polkadot-Muster, was mir wohl imponierte.

FERDA IM AMEISENHAUFEN
(vom Autor selbst verknittert)

Ein weiterer Kinderbuchheld war Josef Ladas «Kater Mikesch», ein Kater, der sprechen konnte. Dazu gehört die folgende Geschichte: Meine Solothurner Frau kannte das Buch aus ihrer Jugend genauso gut, und als uns das Schicksal zusammenführte und wir mit unseren Kindern in die Nähe von Prag übersiedelten, befanden wir uns in einem Dorf, das mitten in der sogenannten «Mikroregion Ladův kraj» lag; Josef Lada hat da in Hrusice ein Museum, die Wirtschaft «U Sojků» ist immer noch im Betrieb. Der Kater Mikesch ist ab und zu im Solothurner Offenen Bücherschrank anzutreffen, genauso wie Jaroslav Hašeks «Der brave Soldat Schwejk», ebenfalls von Josef Lada illustriert.

Josef Lada „U Sojků“, wikimedia commons

Das erste Buch, das ich selbst gekauft habe, war „Der goldene Scarabeus“ von Edgar Allen Poe.

„Der goldene Scarabeus" erschien 1959 in der „Kleinen Weltbibliothek" des Verlags SNDK (Staatsverlag für Kinderliteratur); da war ich gerade zehn Jahre alt.

Noch im Putschjahr 1948 erschien im Europäischen Literaturklub, dem «elk», dessen Mitglied mein Vater war, John Steinbecks «TOULAVÝ AUTOBUS», im Original «The Wayward Bus». Es kam gleichzeitig wie die deutsche Uebersetzung «Autobus auf Seitenwegen» heraus.

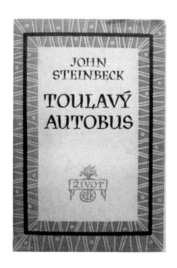

Ich gestehe ein, dass ich dieses Buch habe mitlaufen lassen, während wir als Studenten mit dem Ausräumen von Baubaracken beschäftigt waren. Steinbecks Buch flog aus einer Umkleidekabine direkt zu meinen Füssen heraus, selbstverständlich in Zeitungspapier eingepackt; man findet es bereits auf meiner Liste (siehe oben).

Es könnte nun ein umfangreicheres Zufallsbrevier von Titeln und Zitaten aus Büchern folgen, die sich bei mir während der zehn Jahre dauernden Sichtung der Regale im Offenen Bücherschrank angehäuft haben, aber diese zehn Jahre sind ein guter Zeitpunkt, meinem Treiben am und um den Offenen Bücherschrank ein Ende zu setzen - sei es...

Bonus zum Abschied:
"Ja, man weiss nicht, wie man Frau sein soll?"
Maria Neophytou[35]

Fussnotenverzeichnis nach Kapiteln

1. Ein Dîner in Prag

[1] http://www.campiche.ch/pages/oeuvres/prague.html
[2] http://www.bilgerverlag.ch/index.php/Buecher/Anne-Cuneo-Stepan
[3] http://en.wikipedia.org/wiki/Ludv%C3%ADk_Vacul%C3%ADk
[4] http://en.wikipedia.org/wiki/Ivan_Kl%C3%ADma
[6] http://en.wikipedia.org/wiki/Ji%C5%99%C3%AD_Stránský
[7] https://www.dissidenten.eu/laender/tschechien/biografien/dana-nemcova/
[8] http://en.wikipedia.org/wiki/Ji%C5%99%C3%AD_Pehe
[9] http://cs.wikipedia.org/wiki/Svatopluk_Karásek
[10] http://cs.wikipedia.org/wiki/Jaroslav_Vejvoda_(spisovatel)
[11] http://cs.wikipedia.org/wiki/Alexander_Tomský
[12] https://de.wikipedia.org/wiki/Anne_Cuneo

2. Charles Bukowski versus Richard Brautigan

[13] DistinctPress,2017
[14] SieheAnhang amEnde dieser Geschichte
[15] Tokio-Montana Express,1978
[16] Ausgestrahlt erst anlässlich Richard BrautigansTodes.
[18] „You can't Catch Death", 2000

3. Die „Wüstenblume"

4. Aeberhards „SwissParadise"

23 Dass ich Filme für unicef, DEA, Berufsmotivations-und Aufklärungsfilme genauso wie Image-Filme für Schweizer Weltfirmen wie Lindt&Sprüngli, WildHeerbruggoder, Ciba-Geigy realisieren konnte, anderen Herstellung viele aus der nachfolgenden Generation ihre Sporen abverdienten,wurde eben als Mackel abgetan und nicht als handwerkliche Fähigkeit gewertet.

24 https://de.wikipedia.org/wiki/Bernard_Šafař%C3%ADk

25 https://de.wikipedia.org/wiki/Kurt_Gloor

26 TheSavageEye is a1959 "dramatized documentary" film that superposes a dramatic narration of the life of a divorced woman with documentary camera footage of an unspecified 1950s city. The film was written, produced, directed, andedited by Ben Maddow, Sidney Meyers, and Joseph Strick, who did the work over several years on their weekends. The Savage Eye is often considered to be part oft the cinema verité movement of the1950s and 60s.

27https://www.nzz.ch/feuilleton/romain-gary-war-ein-schillernder-autor-und-ein-kuehner-vordenker-ld.1499170

28 https://de.wikipedia.org/wiki/Joseph_Strick

29 Ginsberg acquired the picture from the archive of the Ministry of the Interior during a visit to the Prague in 1992. Ginsberg in Prague in 1965:

https://www.youtube.com/watch?v=fxp0ukijjhk

30 https://en.wikipedia.org/wiki/Herbert_Biberman

31 The Story of Venice, 1941; Venice post office

5. „Vom Verstecken eines Gastes"

32 https://de.wikipedia.org/wiki/Linus_Reichlin
33 https://genossenschaftdreieck.ch/genossenschaft/geschichte/
34 https://genossenschaftdreieck.ch

6. „Ein Gastspiel"

35 https://de.wikipedia.org/wiki/Cécile_Lauber

7. Follies à la PaulAuster

8. Kenneth Millar aka Ross Mcdonald

9. Im Sog der Bücher

36 Weltformat der Tageszeitungen wie Prawda, L'Humanité, L'Unità
37 In ZEIT-Magazin, NR.19/2022

BoD–BooksonDemand,Norderstedt
©2017,ISBN:**9783746034331**
BAND I

BoD–BooksonDemand,Norderstedt
©2022,ISBN:**9783756814794**
BAND II

AUF DEN HUND GEKOMMEN
- Kundenrezensionen

BAND I

... In seinem amüsanten und inspirierten Text streicht Georg Aeberhard vom Bücherschrank ausgehend durch unsere Kleinstadt. Der Bücherschrank wird zu einem magischen Ort voller Anziehung!

... Du schreibst sehr schön, traurig, mit einem lächelnden und weinenden Auge - hat mir Freude bereitet und mich zum Schmunzeln gebracht.

...Es war speziell, meine Heimatstadt durch die Augen eines Bücherliebhabers und Flaneurs zu entdecken. Die Stelle, wo du die verschiedenen Leute beschreibst, welchen man auf der Gasse begegnet, hat mir besonders gefallen. Tolles Buch, danke nochmal!

... Geschichten werden für mich fassbar und berührend, sobald ich die Gefühle ehrlich und wahrhaftig tief dazu mitgeliefert bekomme.

... Ich habe mir dann gedacht: Wie viele Bücher hat er denn schon gelesen? Unglaublich! All die links zu den diversen Büchern finde ich sehr gut.

... Sie beschreiben die Leute mit einem Augenzwinkern und der eine oder die andere kommen mir bekannt vor.

... habe Dein Buch mit Freude gelesen und bin in Gedanken mit gestreunt. Übrigens ist Dein Buch ein Lexikon für gute Literatur, vieles davon gelesen, anderes kann ich nachholen.

... Es war ein ausserordentliches Vergnügen; ich habe selten in so kurzer Zeit ein Werk gelesen. Subtile Beobachtungen, bildhafte Beschreibungen und der Beweis einer ungeheuren Belesenheit!

BAND II

... Feinfühlig und sympathisch humorvoll!

... Sehr gutgeschrieben! Geistreich, konzentriert, humorvoll, präzise. Unglaublich über welch literarisches Wissen du verfügst, verbindest, vernetzen kannst.

... In einem Zug durchgelesen. Herzerwärmend, feinfühlig und berührend.

... Das Gefühl: wenn man die letzte Seite gelesen hat und sie immer wieder umkehrt und bedauert, dass es nicht weitergeht.

... J'ai dévoré votre livre avec un immense plaisir, non sans difficulté à interrompre le cours de ma lecture.

... Deine Erzählkunst ist faszinierend und sehr viele Leser/innen werden durch deine Geschichten auf vielfache Weise inspiriert werden. Es gelingt dir, aus alltäglichen, scheinbar unwichtigen Begebenheiten ganz besondere Momente hervorzuzaubern.

Georg Aeberhards erstes Buch
Rien Ne Va Plus – One Life's coincidences"
amazon.com, barnes & nobles oder
in jeder Buchhandlung

Reviews / Kundenrezensionen

5.0 stars of 5 stars
What if...? and what if not! 11. Juni 2017
Von Martin R. Buehler (the.buehlers@bluewin.ch) - **Amazon.com**
Rien Ne Va Plus - well not quite yet! Georg (or Jiri) writes an
enthralling account of his life, through vignettes (short essays/
stories) based on the common theme of coincidences. But: What if
there are no coincidences? Or what if everything is a coincidence,
the whole life, universe? Either way, Georg invites us to participate
in his life's story, which is at times whimsical, sometimes sad,
pensive, challenging, but always entertaining. It does help if your
own life has been somewhat non-linear, if you have travelled, and if
you are the person with patience and the gift to listen to people.
Georg is a captivating storyteller, remembering a time in world's
history full of change, barriers, bridges and new facts, and I am
looking forward to further glimpses of a person whose life took
many unexpected turns, be it by following a pattern - or through
coincidences.

5.0 stars of 5 stars
A moving story Stefanie am 24. Juni 2017
I have read this book already for the second time and I still like it
very much. It's like a trip into an unconventional world, where
something unexpected waits for you upon every step. The episodes
roll on easily, full of excitement; it is difficult to stop reading these
moving life stories of escape, exile, independence, passion, love,
hope, art ... What particularly moved me, was the honesty with
which the author tells his life.

5.0 stars of 5 stars
THE BOOK Amazon Kunde am 13. Juli 2017
great small book, i enjoyed it, I think our world and our time need
more like this book , some spirit, some love, some memories , some
intelekt

4.0 stars of 5 stars
Four Stars 16. Juli 2017
Fresh and lively stories about live in the US, Switzerland and the Czech Republic.

5.0 stars of 5 stars
A great read. 18. Juli 2017
Amazon Customer - **Amazon.com**
Life is not always strait forward. A great read.

4.0 stars of 5 stars
Incidents, precedents, plus happy accidents 17. Juli 2017
Fanfan - **Amazon.com**
A nearly famous writer visits the author's apartment. He happens to be drunk. He stumbles toward a bookshelf, pulls out a volume by another nearly famous writer, coincidentally also a drunkard, curses it loudly, walks over to the window, and tosses the book onto the rain flooded street. What happens next? Does the author punch the nearly famous writer in the face and throws him out of the apartment into the rain? Who were the two nearly famous writers, and what was the title of the doomed book?
To find out, buy this unique memoir, don't wait for the movie version, and consider writing a review once you're finished reading it.

5.0 stars of 5 stars
What a coincidence that I encountered this book 21. Juli 2017
Jan Vratislav - **Amazon.com**
Great book about great coincidences that may direct one's life from Prague over Switzerland to USA and back.

4,0 stars of 5 stars
Have a go, good read.
Amazon Kunde am 28. Juli 2017
A memoir of a globetrotter. From the East, towards the West, and back to Europe - a life long trip marked by coincidences.